Les enfants adorent explorer de nouveaux horizons. Naturellement, ils se balancent, tournent, grimpent, sautent. Ils recherchent et reproduisent sans cesse l'ivresse de la chute contrôlée, l'émotion du déséquilibre, le plaisir de l'habileté maîtrisée. Ils aiment se cacher ou jouer à être quelqu'un d'autre. Par moments aussi, le seul but de leurs prouesses est la reconnaissance de l'autre.

Les jeux du cirque permettent l'accomplissement de toutes ces aspirations. Jongler, jouer au clown, s'élancer sur un trapèze, se muer sur la piste, s'exercer au déséquilibre, présenter un spectacle ; quel rêve et quel défi pour ces petits, quel outil pour ceux qui les aident à grandir ! Car, par ces jeux, les enfants construisent petit à petit les compétences qui leur seront indispensables pour acquérir leur autonomie.

Et puis, au cirque, chacun peut trouver sa place ; le petit, le long, le large, le timide ainsi que celui pour qui les gestes usuels représentent un défi. La démarche créative, en cela, peut faire merveille.

L'auteur remercie
Stanislas et le cirque du Trottoir,
Lisbeth,
les enfants de l'école du Cirque de Bruxelles.

www.casterman.com

9782203002258

Imprimé en Italie.
Dépôt légal janvier 2007; D.2007/0053/174
Déposé au ministère de la Justice, Paris
(loi n°49.956 du 16 juillet 1949 sur les publications destinées à la jeunesse).

Frédérique Krings • Nancy Pierret

avec la collaboration de L'Ecole de Cirque de Bruxelles

Le grand livre du cirque

mes premiers tours : clown, jonglerie, acrobatie...

casterman

TABLE DES MATIÈRES

LES CONDITIONS POUR APPRENDRE

Partez des enfants

- Laissez aux enfants l'occasion de tester le matériel de cirque dans un environnement sécurisé.
- Observez leurs comportements et proposez-leur de s'exprimer au sujet de leurs sensations : difficultés, plaisir, vertige...
- Interrogez l'imaginaire des enfants à propos du cirque.
- Suscitez les questionnements par rapport au cirque :
  Ont-ils déjà assisté à des représentations de cirques traditionnels, de cirques modernes ?
  Qu'ont-ils préféré ?
  Quelles sont les images qu'ils gardent des différents personnages, de l'ambiance, des odeurs, de la piste...
  Quelles émotions ont-ils ressenties ? Ont-ils eu peur ?
  Ont-ils ri ?
- Allez à la rencontre du cirque, des artistes, des musiques, des affiches, des livres, des écoles de cirque... (voir renseignements pratiques).
- Faites-les s'exprimer sur ce qu'ils ont envie d'apprendre et construisez avec eux leur projet d'apprentissage.

Évoluez avec les enfants

Présentez à l'enfant un défi suscitant la mobilisation de compétences dépassant très légèrement son niveau actuel « je fais seul si la situation m'y contraint ». Trop simple, la tâche proposée ne revêt aucun attrait pour l'enfant et ne suscite pas la progression ; trop complexe, elle lui paraît (et sera effectivement) insurmontable et le démotivera.

Respectez les étapes de l'apprentissage

Le modèle, le but ou du moins l'image que se fait l'enfant de l'action à effectuer sont essentiels pour l'apprentissage alors que l'exercice rend le geste fluide, coordonné, souple et harmonieux.

- Dans un nouvel apprentissage, prévoyez des séquences courtes. En effet, la première phase de l'apprentissage est intentionnelle, mobilise beaucoup d'énergie de concentration et occasionne des tensions parasites.
- Dans un second temps, prévoyez une plus longue phase d'exercices car la répétition permet d'automatiser le mouvement en libérant ainsi les tensions. Au fur et à mesure, l'attention se relâche.
- Dans un troisième temps, laissez les enfants répéter le mouvement automatisé. L'activité effectuée engendre détente et bien-être.

Favorisez un climat serein

- Tenez compte du projet d'apprentissage personnel dans le choix des activités.
- Laissez à chacun le temps de s'approprier les éléments à apprendre.
- Favorisez la coopération entre les enfants pour apprendre, rechercher, partager des stratégies efficaces.
- Rendez les enfants autonomes dans leurs réalisations : « Tu le fais seul et si tu as besoin d'aide, tu m'appelles... ».
- Aidez les enfants à se dépasser dans le respect d'eux-mêmes, de leurs limites et de leurs différences.
- Reconnaissez l'enfant dans ses réalisations : « je te vois..., tu es haut, tu es fier... ». N'utilisez les renforcements de type normatif (« c'est bien, bravo ») que parcimonieusement.

Poursuivez des buts d'apprentissage

- Ciblez les compétences : une entrée clownesque sollicite par exemple des compétences motrices telles que lancer avec précision ou s'équilibrer... Mais cette action peut revêtir également un caractère plus transversal, comme faire preuve d'une audace contrôlée, de la capacité de terminer une tâche entamée ou de coopérer.
- Proposez des situations multiples sollicitant des compétences variées.

Observez, encouragez

Observez les enfants quand ils...	Encouragez-les pour qu'ils...
• font preuve d'autonomie	• afin qu'ils prennent part à la réalisation de la tâche, observent, manipulent, essaient
• sont curieux, se posent des questions	• utilisent les objets de manière diversifiée • associent de nouveaux mouvements
• créent	• transforment l'utilisation, substituent un objet à un autre
• coopèrent	• échangent leurs expériences, discutent, imitent, acceptent les propositions des autres, négocient et prennent une décision collective pour faire le choix de la prouesse à exercer
	• développent des habiletés gestuelles et les exercent longuement jusqu'à l'automatisation.

Proposez les défis sous forme de jeux

Plus l'enfant est jeune et plus le jeu répond chez lui à un besoin fondamental. Les activités vécues dans un climat de gratuité, de liberté et de plaisir mobiliseront au mieux ses potentialités.

- Précisez dans un premier temps, le contexte spécifique de l'action à réaliser, les conditions initiales (espace, temps, matériel, organisation).
- Expliquez ou montrez ensuite le but de l'activité, l'enjeu du défi.
- Précisez enfin les conditions, les règles, les contraintes.
- Suscitez la mise en place de stratégies de résolution de problèmes par imitation, émission d'hypothèse, comparaison, analogie, essai-erreur.
- Stimulez la recherche de réponses nouvelles, exploitez celles-ci.

Donnez du sens aux activités

- Proposez d'abord une situation significative et relativement fonctionnelle : un circuit, une exploration libre, un petit spectacle.
- Faites ensuite émerger les besoins d'apprentissage.
- Passez à une phase plus structurée, des jeux dirigés, des activités suscitées, des jeux d'exercices.
- Envisagez enfin une mise en situation fonctionnelle, de préférence dans un petit spectacle en recherchant les dimensions artistiques.

Alternez les types de jeux

- **Laissez pratiquer des jeux libres**
  Dans un espace protégé et sous l'œil vigilant mais discret de l'adulte, laissez l'enfant explorer librement les modules et les engins de plein air ou d'intérieur, les vélos, trottinettes, plots, cordes ou élastiques, balançoires, balles, ballons, mousses... sans oublier le miroir.

- **Suscitez certains jeux**
  Apportez les éléments, les objets, les situations pour leurs spécificités. Ils vont, en effet, susciter chez les enfants certaines activités.
  Ouvrez la malle à ballon ou la malle à déguisements en fonction des observations, de vos objectifs...

Intervenez de manière adéquate dans les jeux

Restez dans un rôle de référent expert pour conseiller, orienter, aider.
Soyez le garant de la loi pour que chacun puisse progresser dans une sécurité physique et affective.

- **Dirigez certains jeux**
  Précisez la tâche à effectuer.
  Proposez vous-même les jouets et la situation problème.
  Utilisez des consignes ouvertes pour susciter une démarche créative dans la recherche des stratégies de résolution.

- **Partagez des jeux**
  Devenez un partenaire respectant les mêmes règles face aux mêmes défis.

Organisez l'espace et le matériel

- Tirez parti de l'espace dont vous disposez : l'espace de la cour de récréation, la salle de gymnastique, un espace naturel, une aire publique de jeux ou même votre jardin ou votre salon pour autant que la taille du lieu corresponde au nombre d'enfants concernés.
- Prévoyez une piste délimitée par des caisses, une ficelle, un trait à la craie pour les mises en situation scénique.
- Construisez des coulisses (grands cartons d'emballage, tentures, tissus tendus sur un fil).
- Construisez votre matériel (sacs de graines, rolla bolla, échasses...).
- Tirez parti de ce qui est présent : muret, bordures, portique de balançoire, branches d'arbre, lignes tracées sur le sol.
- Introduisez du matériel spécifique de jonglerie, d'acrobatie.

Pratiquez la technique au service de l'art

- Si l'on utilise le cirque comme une technique d'apprentissage sans y intégrer le paramètre artistique, il perd de sa spécificité. Autant dans ce cas faire de la gymnastique ou des sports de ballon.
- Préservez toujours les dimensions créatives, esthétiques et humoristiques dans toutes les situations d'apprentissage.
- Veillez à développer les diverses techniques de manière approfondie.
- Envisagez la dimension spectaculaire lors des activités. Vous êtes des artistes en herbe.

Alternez les types d'organisation

Les parcours découverte, parcours stratégie, parcours coopération, parcours à thème, parcours multi disciplinaire, parcours orienté
Les ateliers individuels
Les ateliers en sous-groupes
Les activités en grand groupe
Les mises en situation de spectacle.

Suscitez la créativité

Utilisez les opérations mentales pour créer une multitude d'alternatives aux situations types.

Modifiez ou adaptez
Faites appel à un élément connu et adaptez-le aux besoins et aux circonstances du moment. Par exemple : changez les décors, modifiez l'orientation d'un engin, agrandissez des accessoires, adaptez un texte, ou utilisez un objet d'une manière inhabituelle.

Transformez
Imaginez une transformation progressive d'une situation ou d'un objet réel. Par exemple, transformez une balle de jonglage en un oiseau libéré de sa cage.

Simplifiez
Réduisez à la plus simple expression ou séparez le principal de l'accessoire. Par exemple, jouez la colère uniquement sur l'expression corporelle en utilisant un masque neutre ou en cachant le visage derrière un voile.

Ajoutez, multipliez
Accumulez des éléments ou reproduisez-les plusieurs fois. Par exemple, essayez la multiplication d'une acrobatie simple sur différents supports, la réalisation de la même figure, du même déplacement par plusieurs personnages, présentez plusieurs clowns exprimant le même sentiment.

Substituez
Mettez un élément à la place d'un autre qui lui ressemble ou qui présente avec lui certaines analogies. Par exemple, substituez des échasses aux pattes d'un insecte géant..., un chapeau burlesque au chapeau formel d'un personnage à qui l'on veut donner un aspect comique.

Veillez à la sécurité

Les enfants sont prudents de nature. Lorsqu'ils évoluent dans un espace approprié, rares sont les accidents dus à leur témérité.

- Choisissez du matériel adapté à l'activité et vérifiez-en l'état.
- Envisagez attentivement le placement des supports, tapis de chutes, distances…
- Adaptez les activités à l'espace dont vous disposez : un espace trop exigu engendre rapidement des risques si les mouvements sont larges.
- Veillez toujours à vous situer de manière à superviser l'ensemble du groupe.
- Placez-vous près des engins présentant un danger plus grand (hauteur, glissement…).
- Expliquez aux enfants les dangers potentiels du matériel.
- Précisez de manière claire les limites, les interdits : « on peut, on ne peut pas… ».
- Expliquez qu'il faut se respecter et respecter l'autre : « ne pas se faire mal, ne pas faire mal aux autres ».
- Laissez les enfants évoluer à leur rythme sans les pousser au-delà de leurs limites.
- Suscitez la coopération entre les enfants, apprenez-leur à s'assurer l'un l'autre.

Évaluez les réalisations avec les enfants

- Choisissez des critères en relation avec des compétences relationnelles, personnelles ou techniques.
- Élaborez avec les enfants les critères sur lesquels va porter le bilan.
- Faites le bilan des activités en positif et en négatif.
- Aidez les enfants à évaluer eux-mêmes le chemin parcouru.
- N'hésitez pas à vous impliquer dans cette évaluation comme un membre du groupe.
- Faites prendre conscience des forces et des atouts de chacun.
- Suscitez au terme de l'évaluation la mise en projet pour une nouvelle activité, vers un nouvel apprentissage.

Si vous disposez d'une caméra, il est intéressant de filmer les enfants afin qu'ils portent un regard objectif sur leurs productions et qu'ils jugent eux-mêmes de la qualité de l'effet produit.

Jouer à faire semblant est un jeu très sérieux pour les enfants. Les clowns sont en effet le miroir de leurs désirs cachés. Ils osent faire tout ce qui est interdit. Ils se montrent tels qu'ils sont.

Le clown amuse, il inquiète. À travers lui, c'est le monde qui grimace

CLOWNS

Mettre une perruque, un chapeau rigolo, un costume trop grand et bariolé, d'énormes chaussures et un nez rouge ne fait pas un clown.

Pour être vraiment ce personnage, il faut avoir un certain recul, un certain regard sur soi, s'accepter tel que l'on est, tout en apprenant à sourire de soi... pour mieux en faire rire les autres. Pour être un bon clown, il faut aussi et surtout être étonné devant le monde, être heureux de peu de choses

De plus, si le clown rate quand on le prévoit, il réussit où l'on ne l'attend pas. Il doit savoir faire ce qu'il rate avec talent !

Il s'agira donc ici de rechercher et de développer son clown intérieur et d'exercer les multiples facettes des arts du cirque.

Présentations

Au cirque, on définit deux types de clowns : le clown blanc et l'auguste. Il existe en outre un troisième personnage qui leur donne souvent la réplique : Monsieur Loyal.

1 LE CLOWN BLANC

Son origine

Ce personnage burlesque faisant mille pitreries a été imaginé pour détendre les spectateurs entre deux numéros périlleux. Vêtu à l'origine, comme un paysan ridicule (« colon » en anglais), il devient petit à petit le clown blanc, s'inspire de Pierrot et se maquille comme lui.

Son rôle

Il blague, fait des farces et s'en tire toujours à son avantage.
C'est le clown mime.
Il est élégant, adroit, il se montre supérieur à l'auguste.
Il est celui qui donne les leçons et représente l'autorité, les bons usages, la bourgeoisie bien pensante.

Son tempérament

Il peut être dansant, aérien, léger ou grave.
Débonnaire, il peut, comme un grand frère, rire des pitreries de l'auguste. Pourtant il sait se montrer autoritaire et apparaît même parfois dominateur, arrogant et tyrannique. Enfin, il peut être prestigieux et inspire le respect.

Son style

Dans le cirque traditionnel, il a le visage enfariné.
Ses lèvres, la base du nez et ses oreilles sont rouges.
Au-dessus du sourcil, un dessin personnel le différencie des autres clowns.
Ses cheveux sont courts et bien peignés.
Il est coiffé d'un chapeau en forme de cône symbolisant le pouvoir exercé sur l'auguste.
Il est le plus souvent vêtu d'un costume riche et pailleté, fait d'une seule pièce et qui laisse le mollet dégagé. Il porte des bas blancs et se chausse de beaux escarpins.

2 L'AUGUSTE

Son origine

On raconte que le premier auguste était un garçon de piste. Ayant trébuché ivre à l'entrée de la piste, il se releva sous les rires du public qui le traita d'« auguste », c'est-à-dire « idiot » en allemand.

Son rôle

Quand, dans l'histoire du cirque, le clown blanc devient sérieux, l'auguste prend le rôle de celui qui fait rire.
Si le clown blanc représente le pouvoir, l'auguste incarne l'anarchie. Il remet un certain ordre, le sien, dans le désordre.
Il est également le faire-valoir du clown blanc. On les oppose souvent: le grand et le petit, le gros et le maigre, le maître et le serviteur, le riche et le pauvre, le patron et l'employé.
Mais attention, il peut également nous surprendre quand il exécute avec brio une acrobatie !

Son tempérament

Il est naïf, narquois et farceur, extravagant ou imbécile, clochard ou vagabond.
L'auguste ridicule se croit intelligent, il est maladroit tout en restant digne.
Le clochard heureux de vivre est toujours prêt à commettre un mauvais coup. Le grand enfant se montre naïf. Le gandin super snob se montre à l'avant-garde de la mode. L'auguste malicieux et intelligent tient tête au clown.

Son style

À l'opposé du clown blanc, l'auguste traditionnel est maquillé de façon risible, avec un nez rouge et une perruque hirsute, des accessoires burlesques ou d'énormes chaussures.
Trop ample ou trop étriqué, son costume peut parodier les vêtements des paysans, des ouvriers, des marins. Il peut avoir le style d'un rocker, d'un punk ou d'un lutteur de foire. Il est toujours fantaisiste.

Au-delà de ce personnage-type, on pourra imaginer d'autres styles d'auguste qui reprendront ses caractéristiques essentielles: une gamine arrogante, une mémé excentrique, un lutin farceur, un benêt ou une fillette naïve.

3

MONSIEUR LOYAL

Son origine

Son nom vient du nom d'un directeur de cirque qui s'appelait « Loyal ».

Rôle

C'est le régisseur du cirque. Il est le maître incontesté de la piste.

Il veille au bon déroulement du spectacle et annonce les différents numéros.

Il présente les artistes et les met en valeur.

Il donne parfois la réplique aux clowns et auguste et leur sert de faire-valoir.

Tempérament

Il incarne l'ordre et l'autorité, le sérieux.

Style

Il est toujours bien habillé. Traditionnellement, il porte un pantalon, une chemise, et une veste très chic, souvent une queue de pie. Il est coiffé d'un chapeau haut de forme et porte souvent un nœud papillon. Maquillé de façon discrète, il arbore de belles moustaches. On pourra, bien entendu, exprimer dans un spectacle les caractéristiques de ce personnage de manière plus personnelle.

Préparez-vous

Réalisez une collection d'objets pour jouer au clown

Âge	À partir de 5 ans
Temps	1 heure pour préparer la tâche avec les enfants 1 semaine pour récolter les objets
Nombre d'enfants	1 à 25
Lieu	Un espace couvert
Matériel	Une grande table ou une bâche, des caisses en carton, des malles, des feutres, des étiquettes avec images pour les plus petits
Compétences sollicitées	Sérier, trier, coopérer
But	Se créer une réserve de déguisements et d'accessoires pour le jeu de clown

Préparation-organisation

Quelques jours avant l'activité, avec les enfants, établissez une liste de déguisements et d'accessoires pouvant servir au jeu de clown.
Observez ensemble différents documents sur le sujet.

Étapes

- Disposez des caisses en carton.
- Collez-y une image représentant le type d'objets rassemblés ou indiquez-y le contenu

– Pantalons
– Jupes
– Robes
– Chemises
– Vestons
– Chapeaux
– Maquillages
– Tissus
– Élastiques
– Masques
– Bretelles
– Ceintures
– Perruques
– Nez de clown...
– Accessoires divers (brosses, lunettes, seaux, valises.)
– CD et des enregistrements de musiques diverses (musiques traditionnelles, bruitage, chansons enfantines...).
– Instruments à percussion, flûtes...
– Enregistrements de bruitages

- Collectez les différents objets dans un endroit précis (un coin du local...) et faites-les classer au fur et à mesure dans les contenants prévus.

Conseil

Si cela n'a pas été apporté, ajoutez des miroirs, des paravents ou ce qui pourrait servir de coulisses.

Fabriquez vos accessoires

Âge	À partir de 5 ans
Temps	Indéfini…
Nombre d'enfants	De 1 à 25
Lieu	Une salle, une tente, un chapiteau…
Matériel	Du papier journal, des feuilles de papier coloré, des plumes, des feuilles, des fleurs, des cartons, des agrafes, de la colle, des élastiques, de la ficelle, de quoi décorer…
Compétences sollicitées	Créativité, habiletés manuelles
But	Construire des accessoires personnalisés

Chapeau conique

Matériel : une feuille de papier fort (format A3) • un crayon • 30 cm de fil solide • 40 cm d'élastique • ciseaux

À l'aide d'un crayon fixé au fil, tracez un demi-cercle de 22 cm de rayon sur le carton.

Découpez le demi-cercle.

Décorez celui-ci sur une face.

Faites deux trous et passez l'élastique pour le fixer.

Fermez le chapeau avec deux agrafes.

Vous pouvez varier les largeurs des bords du chapeau ainsi que la profondeur de la boule. Pour vérifier l'adéquation du rebord, essayez dans du papier-journal et adaptez. Changez la décoration selon votre inspiration ou le thème choisi.

Chapeau melon

MATÉRIEL : une feuille de papier fort • du papier crépon noir • un crayon • 30 cm de fil solide

1

Sur le carton, tracez deux cercles concentriques en vous servant du fil et du crayon (rayons respectivement de 9 et 15 cm).

2

Découpez ce contour de chapeau et vérifiez s'il convient à la taille de la tête.

3

Découpez deux bandes de carton de 40 cm sur 5 cm.

4

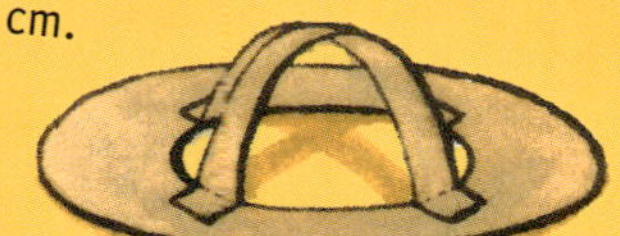

Pliez-y un rebord et collez-les en croix sur la partie intérieure du contour de chapeau.

5

Encollez le tout, recouvrez de papier crépon et pressez vigoureusement.

Nez de clown

MATÉRIEL : carton d'œufs, élastique, peinture ou feutre rouge.

1

Découpez les alvéoles de carton d'œufs.

2

Faites un petit trou pour respirer.

3

Peignez en rouge.

4

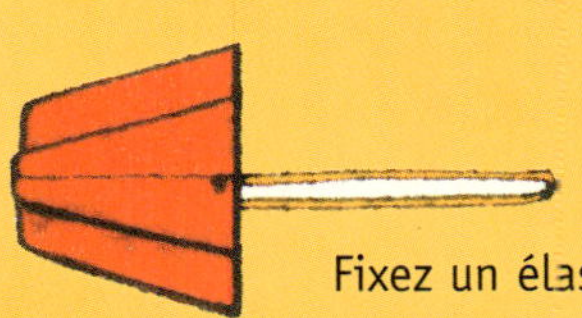

Fixez un élastique.

On peut aussi découper une petite boule dans de la mousse, la colorer, la creuser et la fixer avec un élastique ou prendre une petite balle de mousse rouge, la fendre en deux sur une partie.

Créez votre costume

Âge	4 à 10 ans
Temps	1 heure
Nombre d'enfants	Plusieurs groupes de 3 ou 4 enfants
Lieu	Un espace large
Matériel	Matériel collecté Un miroir
Compétences sollicitées	Respect de l'autre, créativité
But	Rechercher les costumes correspondant au personnage du clown que l'on veut jouer

Préparation-organisation

Répartissez les accessoires entre les groupes d'enfants.

Déroulement

- Les enfants choisissent un chapeau bizarre, trop grand ou trop petit, des lunettes, un pantalon trop large ou trop court, des vêtements très colorés, à pois ou à carreaux, un tutu pour un garçon ou un casque de pompier, une veste habillée, un chapeau haut de forme...
- Comparez les costumes choisis avec les costumes traditionnels ou actuels des clowns (clown blanc, Auguste et Monsieur Loyal) et identifiez le personnage auquel chacun ressemble.
- Mettez en évidence les caractéristiques des différents styles de costumes et aidez les enfants à ajuster leurs choix.

Conseil

Changez l'attribution du matériel deux ou trois fois sur la séance pour que chacun puisse tester plusieurs costumes et plusieurs rôles.

Quelques idées de costumes

LE CLOWN BLANC

Le costume est bien ajusté, il a une ou deux couleurs. Il est souvent pailleté.

- Mettez une chemise blanche unie et un pantalon court de type corsaire.
- Décorez-le avec des paillettes, en y collant des motifs, etc.
- Mettez des bas (collants) blancs, des chaussures fines de type escarpin ou des sandalettes de gymnastique.
- Ajoutez une collerette, une ceinture de couleur.
- Fabriquez votre chapeau blanc de forme conique.

On peut aussi mettre un costume d'Arlequin ou de Pierrot.

L'AUGUSTE

Le style clochard

- Mélangez les motifs et les couleurs.
- Choisissez des vêtements trop courts, trop longs ou rapiécés.
- Ajoutez des bretelles, des ceintures.
- Superposez, un short, un caleçon.
- Mettez des chaussettes dépareillées, bariolées, à rayures.
- Coiffez-vous d'un chapeau melon, d'un chapeau rigolo ou coloré.
- Mettez de grandes chaussures décorées (on peut enfiler des chaussons en dessous des chaussures si elles sont trop grandes).

Le style marin

- Mettez un maillot à rayures, ou un T-shirt rayé avec un pantalon bleu et des sandalettes.

Le style ouvrier

- Choisissez une casquette, une salopette, de grandes chaussures, portez un balai, faites dépasser un outil de votre poche. Promenez-vous avec un arrosoir.

MONSIEUR LOYAL

- Choisissez des vêtements qui ressemblent à une tenue de soirée.
- Portez une chemise, blanche de préférence, sur laquelle vous enfilez une veste noire, une queue de pie, un smoking ou un gilet satiné.
- Mettez un pantalon habillé gris, noir ou blanc... ou une jupe longue noire.
- Enfilez des chaussures noires et vernies, ou des chaussures très classiques.
- Mettez un chapeau haut de forme, un nœud papillon de couleur unie, des gants blancs.

Créez votre maquillage

Âge	À partir de 5 ans
Temps	1 heure
Nombre d'enfants	De 1 à 25
Lieu	Un espace abrité : tente, chapiteau, classe
Matériel	Tables ou sol suffisamment fermes pour dessiner Pour chaque groupe de 4 enfants : des gouaches, des petits bouts d'éponge, des récipients avec de l'eau, au moins un pinceau par enfant, des chiffons, des tabliers, des ciseaux, des papiers ou plastiques pour protéger les tables, des feuilles de papier, des éponges, des reproductions de clowns
Compétences sollicitées	Créativité, habiletés manuelles, observation, comparaison
But	Imaginer, choisir et créer son maquillage

Préparation

- Prévoyez des tissus de protection pour les vêtements (tabliers, sacs poubelles troués...) et un ensemble de matériel par groupe.
- Organisez votre local pour que les enfants puissent se disposer par groupe de 4 autour des tables ou sur le sol.
- Gardez à disposition les photos, les images ou les reproductions de clowns.

Organisation

Installez chaque groupe autour des tables où vous aurez disposé le matériel.

Déroulement

- Les enfants dessinent et découpent des formes de visage dans le papier.
- Ils y peignent les maquillages qui leur semblent adéquats.
- Proposez-leur ensuite de comparer leur production avec les différents modèles et mettez en évidence les éléments essentiels caractérisant l'un ou l'autre personnage (Auguste, Monsieur Loyal, clown blanc).
- Exposez les différentes maquettes par type de clown.
- Observez ensuite avec le groupe d'enfants les différentes productions.

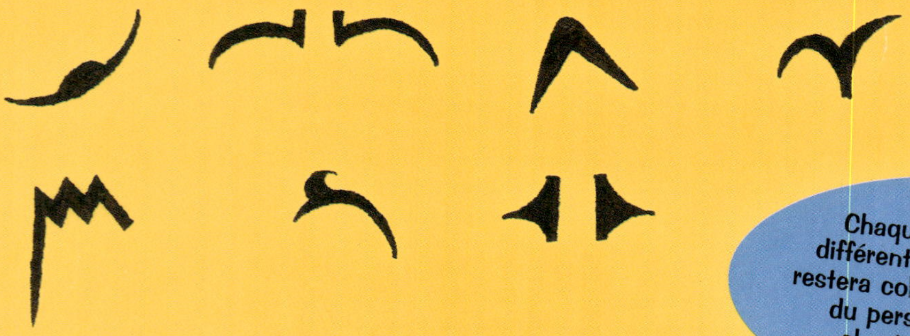

Chaque maquette sera donc différente et personnalisée, mais restera cohérente avec la spécificité du personnage. (Voir aussi le chapitre « Présentations »).

Réalisez votre maquillage

Préparation-organisation

Voir page 26.
Gardez à disposition, les maquettes réalisées (p. 26).

Déroulement

Chaque enfant maquille un de ses copains selon le modèle choisi.

Âge	À partir de 5 ans
Temps	1 heure
Nombre d'enfants	De 1 à 25
Lieu	Un espace abrité : tente, chapiteau, classe
Matériel	Des miroirs (un au moins) Pour chaque groupe de 4 enfants : une palette de maquillage à l'eau, des petits bouts d'éponge, des pinceaux, des récipients avec de l'eau, des chiffons, des tabliers, des Kleenex, les maquettes réalisées
Compétences sollicitées	Habiletés manuelles
But	Apprendre à se maquiller et à maquiller

POUR LE CLOWN BLANC

- Appliquez la couleur blanche sur tout le visage à l'aide d'une petite éponge mouillée.
- Commencez par le front puis les tempes, les paupières, les joues, le nez, le pourtour de la bouche, le menton, (on peut s'arrêter à l'arête de la mâchoire ou maquiller le cou).
- Tracez la « signature » au-dessus d'un ou des deux sourcils.
- Ajoutez une mouche.
- Appliquez le rouge sur les lèvres.
- Ajoutez une touche de rouge à la base du nez, sur les oreilles et sur les joues, à votre guise.

Pour l'Auguste

- Commencez par appliquer la couleur blanche.
- Colorez le bout du nez en rouge.
- Encadrez les yeux et la bouche.

Pour Monsieur Loyal

- Appliquez un fond de teint sur le visage.
- Accentuez les sourcils.
- Accentuez le contour des yeux.
- Dessinez une moustache et peut-être un petit bouc.
- Rehaussez les lèvres avec du rouge.
- Éclairez les joues d'une touche de rose.

Donnez vie à votre personnage

Inventez votre nom de clown

Âge	À partir de 5 ans
Temps	1 heure
Nombre d'enfants	De 1 à 25
Lieu	Intérieur ou extérieur
Matériel	Deux paravents ou du moins un espace scénique délimité
Compétences sollicitées	Audace, respect des règles, expression corporelle
But	Construire son personnage

Préparation-organisation

- Récoltez à l'avance une série de suggestions de noms et de sobriquets bizarres, écrivez-les sur des petits papiers, placez-les dans un chapeau.
- Créez un espace scénique en disposant les paravents, les tissus placés sur un fil tendu entre deux échelles ou les caisses empilées.
- Les enfants sont déguisés et installés comme public devant l'espace scénique.

Déroulement

- Chaque enfant tire un nom au hasard.
- Chacun à son tour se présente dans l'espace scénique :
  Il avance lentement, s'arrête, compte jusque 3 mentalement.
  Il se tourne vers le public, compte jusque 3 mentalement.
  Il regarde successivement 3 personnes du public en comptant chaque fois mentalement jusque 3.
  Il dit très lentement « bonjour, je m'appelle... Patate ».
  Il compte jusque 3 mentalement, se tourne doucement et marche jusqu'aux coulisses.
- En fin de séance, encouragez chacun à se choisir un nom personnel pour la suite des activités.

Insistez sur le rythme lent et sur le maintien du « personnage » pendant toute la traversée de la scène jusque dans les coulisses.
Essayez plusieurs fois l'activité en changeant chaque fois de nom.

QUELQUES SUGGESTIONS :
Clown blanc : Citronnelle, Clémentine, Hector, Jacques, Mandarine, Mandoline, Ninie, Pipo, Rion.
Auguste : Achille, Archibald, Banane, Cacahuète, Caramel, Carotte Coquelicot, Cornichon, Gigoto, Nicotine, Jojo, Perroquet, Patate, Salopette, Titine, Tomate, Totoche.

Parlez comme un clown

Âge	5 à 15
Temps	1 heure
Nombre d'enfants	Par groupe de 5
Lieu	Intérieur, extérieur
Matériel	Si possible des enregistreurs, des costumes de clowns
Compétences sollicitées	Oser s'exprimer corporellement, s'exprimer verbalement
But	Définir les caractéristiques de son personnage et s'entraîner

Préparation-organisation

- Faites écouter aux enfants les caractéristiques du langage des clowns, mettez en évidence l'importance du langage pour faire rire.
- Placez les enfants deux par deux.

Déroulement

Suggérez aux enfants de raconter une petite histoire, de réciter une comptine ou un poème, de lire un magazine ou un bulletin météo en variant les modalités.

Par exemple

- en changeant l'intonation : plus grave, plus aigu.
- en accentuant certaines consonnes : les d, les sssss...
- en imitant un accent (anglais, russe, allemand, espagnol...) : pour dire je : « che, dze, ie, io »
- en zézayant : « ze ne penze pas que ze zoi zot. »
- en effectuant de mauvaises liaisons : « Elle est zà moi... »
- en déformant les mots : « Oui, MOOOOsieur, veux-tu me passer une baffe (le baffle) »
- en faisant des conjugaisons insolites : « Ils courèrent vers moi, nous mangimes... »
- en répétant la fin des phrases : « Le temps sera beau, sera beau... »
- en utilisant des mots déformés ou mal prononcés, « Regarde moi bien en farce... ».
- en utilisant un mot proche pour désigner un objet : « Passe-moi l'arrose-moi... »
- en ponctuant la plupart des phrases d'une expression. « Sans blague », « Embrasse-moi », « ho dis donc », « Qu'est-ce que ce que c'est que ça », « Quelle aventure ! »

Présentez cette petite phrase dans l'espace scénique.

Cherchez de belles répliques dans les recueils de « perles d'écoliers » (voir bibliographie en fin de livre).

EN PISTE

LE CONCOURS DE POÉSIE
Costumez-vous et racontez un petit poème les uns après les autres.

LA TÉLÉVISION
Dans un faux cadre de télévision, jouez le rôle du présentateur de la météo

ÇA VA ÇA VA
Deux clowns se rencontrent et se saluent, s'en suit une série de « Ça va ? Ça va ! » sur tous les tons.

Marchez comme un clown

Âge	5 à 10 ans
Temps	1 heure, (on peut recommencer car c'est amusant)
Nombre d'enfants	Entre 5 et 25
Lieu	Un espace suffisamment vaste pour permettre le mouvement Un espace scénique ou une piste
Matériel	Miroirs, déguisements ou accessoires de clown, source sonore, CD divers
Compétences sollicitées	Audace, créativité, observation, motricité
But	Enrichir le caractère de son personnage

Préparation-organisation

- Prévoyez une source sonore et des CD.
- Demandez éventuellement aux enfants de se déguiser (c'est plus évocateur pour eux) ou de prendre un accessoire de clown (nez, chapeau, canne...).
- Dispersez les enfants dans l'espace.

Déroulement

- Faites observer aux enfants la spécificité des démarches des clowns.
- Mettez en évidence les mouvements qui provoquent chez le spectateur le rire ou l'amusement (exagération des mouvements, imitation d'un type de personne...).
- Faites essayer toutes sortes de démarches : se dandiner, comme un canard, s'avancer craintivement les pieds tournés vers l'intérieur, progresser en se tortillant le derrière, marcher à tout petits pas, avancer à pas de géant, avancer en sortant la poitrine, le ventre, incliner la tête, boiter.

- Essayez ces déplacements sur différentes musiques, ce sera encore plus amusant et plus intéressant.
- Demandez aux enfants de choisir celle qui convient le mieux au personnage qu'il souhaite incarner.

EN PISTE

- **IMITEZ**
  Les augustes s'amusent à imiter les déplacements de Monsieur Loyal ou... d'un spectateur qui s'installe à sa place.
- **PRÉSENTEZ-VOUS**
  Les augustes viennent simplement comme des enfants sages, se présenter à une personne du public et déclamer une petite poésie romantique. Reprenez plusieurs fois ce gag entre les numéros... avec la même personne choisie... en donnant chaque fois plus d'emphase à votre déclaration.

Exprimez vos sentiments comme un clown

Âge	5 à 10 ans
Temps	1 heure (on peut recommencer car c'est amusant)
Nombre d'enfants	Entre 5 et 25
Lieu	Un espace scénique ou une piste suffisamment vaste pour permettre le mouvement
Matériel	Miroir Déguisements ou accessoires de clown, source sonore, CD divers
Compétences sollicitées	Oser ; créer, observer, s'exprimer par le mouvement
But	Trouver les caractéristiques de son personnage

Préparation-Organisation

Voir p. 31

Déroulement

- Faites observer aux enfants la spécificité des expressions des clowns.
  Le clown exprime ses sentiments sans retenue de la manière la plus claire, la plus exacerbée. Il rit à gorge déployée. Il pleure à vous fendre le cœur. Il se laisse aller à de terribles accès de colère. Il montre sa tristesse par un grand accablement.

- Suggérez aux enfants de s'exercer devant le miroir :
  - Pour rire, ouvrir largement la bouche et plisser les yeux.
  - Pour ricaner, agrandir la bouche qui semble s'étirer d'une oreille à l'autre et, faire rouler les yeux.
  - Pour exprimer l'étonnement, ouvrir la bouche et écarquiller les yeux.
  - Pour pleurer, fermer les yeux et tordre la bouche.
  - Pour exprimer la tristesse, laisser tomber les coins de la bouche, la tête et les épaules.
  - Pour exprimer l'énervement : cligner des yeux, étirer le front vers le haut, tendre le cou vers l'avant.

Mettez ses attitudes en situation en faisant jouer les entrées ou les sketches appris.

- Placez les enfants en cercle et faites-les exprimer ensemble le sentiment évoqué par l'histoire que vous leur racontez.

EN PISTE

QUEL PROGRAMME
Les clowns sont installés devant une télévision imaginaire ou stylisée.
Ils expriment ensemble par leurs mimiques les images perçues.

LE ROMAN
Le clown lit un roman et exprime par ses mimiques le contenu du roman... se succèdent de l'épouvante, du suspense, de la tendresse.

LA LETTRE
Le clown reçoit une lettre que lui apporte Monsieur loyal... il exprime le contenu de la lettre par l'expression de son visage. Est-ce une lettre d'amour, une lettre de rupture, une lettre d'embauche ?

Utilisez les accessoires comme un clown

Âge	5 à 10 ans
Temps	1 heure (on peut recommencer car c'est amusant)
Nombre d'enfants	Entre 5 et 25
Lieu	Un espace suffisamment vaste pour permettre le mouvement, un espace scénique ou une piste
Matériel	Miroir, déguisements ou accessoires de clown, source sonore, CD divers, des accessoires divers (marteaux, peigne, sèche cheveux, balai, papier, pinceaux...)
Compétences sollicitées	Audace, créativité, observation, expression par le mouvement
But	Trouver les caractéristiques de son personnage

Préparation-organisation

Placez les enfants en cercle, les accessoires au milieu d'eux.

Déroulement

- Suggérez aux enfants de choisir individuellement et chacun à leur tour un accessoire dans votre réserve.
- Utilisez cet accessoire de la manière habituelle.
- Demandez-leur d'exagérer les actions.
- Recherchez des utilisations détournées de cet objet.
- Suggérez de faire le même exercice avec un partenaire.
- Mettez les enfants en groupe. Demandez à chacun d'observer l'autre et de lui faire part de ses impressions afin qu'il puisse se corriger.
- Mettez ces gags en situation en les faisant interpréter dans l'espace scénique (reprendre l'organisation de la p.29)

Exemples d'utilisation d'accessoires

Faire de la musique en soufflant dans l'embouchure d'un entonnoir.

Se servir d'un seau comme chapeau

Utiliser un tuba pour imiter la trompe de l'éléphant

Se servir d'un marteau géant pour faire rentrer les idées dans la tête d'un autre clown.

Utiliser un balai comme une guitare

Se coiffer avec un très grand peigne.

Faire de la musique en frappant sur des casseroles ou en percutant des bouteilles plus ou moins remplies

Mettre des lunettes de soleil hors mesure.

EN PISTE

LES GARÇONS DE PISTES
Entre les numéros des jongleurs et acrobates, les garçons de piste viennent ranger les accessoires et jouent avec ceux-ci.

LA PÂTE À GÂTEAU
Le clown montre à un auguste comment il peut casser des œufs, et les mélanger à de la farine et de l'eau dans un chapeau sans salir celui-ci (il a pris soin d'y mettre une protection à l'insu de l'auguste). Il sort et l'auguste entreprend de réaliser la même chose. S'adressant à un autre auguste, il entreprend de refaire la démonstration. Il utilise pour cela le chapeau d'un spectateur complice... (heureusement). Celui-ci retournera avec la pâte à gâteau sur la tête !

Simulez

Âge	À partir de 5 ans
Temps	Chaque situation peut faire l'objet d'un apprentissage et d'une mise en scène
Nombre d'enfants	25
Lieu	Une piste un espace scénique, un espace d'entraînement
Matériel	Costumes, maquillages, accessoires, CD divers, des tapis
Compétences sollicitées	Oser, s'exprimer, coopérer, improviser
But	S'entraîner à jouer en situation de spectacle, mettre en scène de courtes reprises et des situations significatives de jeu de clown

Préparation-organisation

- Préparez le matériel nécessaire au gag que vous avez choisi de partager, chaises, tapis...
- Copiez éventuellement les descriptifs des chutes et bagarres pour le montrer aux enfants.

Déroutement

- Dispersez les enfants et faites la démonstration de la situation avec l'un d'entre eux.
- Après explication, demandez à l'un ou l'autre enfant de démontrer l'action à effectuer.
- Mettez en évidence les éléments sur lesquels il faut se concentrer.
- Opérez les remarques essentielles, principalement dans une perspective sécuritaire.
- Une fois les mouvements appris, laissez aux enfants le temps de s'exercer pour que le geste devienne automatique.
- Faites jouer ces gags dans un espace scénique avec déguisement et mise en scène courte mais précise.

Retirer la chaise
(Toujours prévenir le partenaire pour qu'il ne se blesse pas)
Le clown présente une chaise à l'auguste pour qu'il s'asseye. Au moment où l'auguste va s'asseoir, le clown déplace la chaise vers l'arrière et l'auguste tombe sur le derrière. Pour cela, il faut que l'auguste soit prévenu et qu'il plie une jambe d'appui et s'accroupisse sur le sol en plaçant les bras vers l'avant.

Simuler une gifle

Première technique : pour les droitiers, posez la main gauche bien ouverte à deux centimètres de la joue du partenaire et faites claquer la main droite également bien ouverte sur la main gauche.

Pour les gauchers, faites le contraire.

Deuxième technique : au moment où la main arrive sur la joue du partenaire, celui-ci frappe les deux mains l'une contre l'autre, paume contre paume, le plus fort possible.

Autres idées : trébucher, rebondir et sautiller sur le derrière.

Simuler un coup de pied

Frappez le plus naturellement possible avec le coté du pied. Le partenaire doit sursauter, donnant ainsi l'illusion qu'il a reçu un coup de pied d'une force extraordinaire. En réalité, cette secousse simulée lui permet d'amortir le choc.

Simuler un pincement

Pour simuler un pincement d'oreille, de nez ou l'arrachage des cheveux, saisissez à deux mains le poignet de l'adversaire qui prend le nez, l'oreille ou les cheveux. Maintenez la main du partenaire contre vous et secouez violemment la tête en simulant une grande douleur. On dirige ainsi soi-même le mouvement.

Serrer la main

Tendez la main droite pour dire bonjour et serrez la main du partenaire.
Au moment où le partenaire tend la main pour serrer la vôtre, rapidement serrez les phalanges et déplacez la main vers votre gauche, parallèlement à la main qu'il vous tend en la rouvrant.
Gardez la main tendue pour qu'il la saisisse à nouveau. Au moment où le partenaire va essayer de la ressaisir, déplacez la main de la même façon... Répétez le gag deux ou trois fois et terminez en vous laissant serrer la main normalement.

Pour des raisons de sécurité, nous vous engageons à faire la démonstration des habiletés à développer. Insistez sur le respect mutuel et sur l'obligation de ne pas se faire mal (voir chapitre 1).

Amplifiez vos mouvements

Apprenez à faire des galipettes, des roues. Amusez-vous à tourner sur les épaules les jambes en l'air, trébuchez, rebondissez et sautillez sur le derrière, escaladez des objets, des chaises, des échelles, des lampadaires, accrochez-vous à un partenaire.

Et apprenez à réaliser des agilités au trapèze, au tapis et en équilibre. Exercez-vous également à la jonglerie

EN PISTE

LE SALOON

Sur une musique folklorique américaine, dans un décor de saloon, des augustes jouent au cartes, discutent... lorsqu'un autre auguste arrive. Maladroit, il renverse un verre, retire la chaise d'un cow-boy qui s'assied. S'ensuit une bagarre en crescendo où chacun exécute l'une ou l'autre des figures expliquées.

Utilisez les effets sonores

Âge	À partir de 5 ans
Temps	Chaque situation peut faire l'objet d'un apprentissage et d'une mise en scène
Nombre d'enfants	25
Lieu	Une piste, un espace scénique, un espace d'entraînement
Matériel	Costumes, maquillages, accessoires, CD de musiques diverses, des tapis
Compétences sollicitées	Audace, expression, coopération, improvisation
But	S'entraîner à jouer en situation de spectacle, mettre en scène de courtes reprises et des situations significatives de jeu de clown

Préparation-organisation

Voir p.36.

Déroulement

- Jouez les reprises, les gags et les entrées dans un espace scénique avec déguisements et mise en scène courte mais précise.
- Accompagnez ces saynètes de bruitages rigolos.
- Utilisez par exemple les couacs d'une clarinette, le grincement pleurnichard d'un violon, le bruit d'une crécelle, le bruit du pétard, le hennissement d'un cheval pour accentuer les situations visuelles.
- Recherchez l'accompagnement adapté (musique de cirque, de foires, les musiques de Charlie Chaplin et de Nino Rota ainsi que les airs traditionnels...)

En plus des effets sonores, le clown exploite en spectacle les différentes habiletés : il est jongleur, acrobate, équilibriste... Vous trouverez dans les chapitres spécifiques des idées de mise en scène.

EN PISTE

- Accompagnez la marche avec un bruit de klaxon.
- Agrémentez de grincements les changements de position.
- Amplifiez l'éternuement du clown, la respiration ou les onomatopées utilisées pour saluer un spectateur, les situations d'étonnement, de rire.
- Ponctuez chacune des gifles par un couac.

Créez vos numéros

- Les reprises sont de courtes interventions pendant le spectacle. Elles servent d'intermèdes et détendent les spectateurs entre deux numéros. Elles permettent également aux garçons de piste de procéder aux rangements et placements de matériel. Elles durent de 20 secondes à 2 minutes.
- Les entrées sont de petites comédies pouvant aller jusqu'à 20 minutes.

Attention cependant à garder l'objectif principal... faire rire.

Âge	À partir de 5 ans
Temps	Chaque situation peut faire l'objet d'un apprentissage et d'une mise en scène
Nombre d'enfants	De 1 à 25
Lieu	Une piste, un espace scénique, un espace d'entraînement
Matériel	Costumes, maquillages, accessoires, CD de musiques diverses
Compétences sollicitées	Oser, s'exprimer, coopérer, improviser
But	S'entraîner à jouer en situation de spectacle, mettre en scène ces courtes reprises

Préparation-organisation

- Préparez l'espace scénique (2 ou 3 si les enfants sont nombreux).
- Faites choisir aux enfants le matériel et les accessoires dont ils ont besoin pour leur numéro.
- Demandez aux enfants de se déguiser.

Déroulement

- Faites répéter les entrées, reprises, rolling gags ou gags.
- Au fur et à mesure, faites observer les prestations par un autre groupe.
- Suscitez les remarques et réactions.
- Demandez aux enfants d'ajuster les différents éléments en fonction des remarques : mouvements, démarches, expressions du visage, articulation, langage.
- Au besoin, reprenez quelques exercices systématiques pour exercer ces éléments.
- Fixez les éléments en répétant plusieurs fois le numéro.
- Précisez les éléments de scénographie : sons, lumière. (voir chapitre « En piste »)
- Formalisez la présentation devant un public et dans des conditions proches du spectacle. On doit être vu et entendu, c'est à dire « passer la rampe ».

Imitez

- L'auguste singe la démarche et les actions de Monsieur Loyal ou du clown blanc pour le tourner en ridicule… ceci à son insu. Il accentue progressivement la caricature.
- Un auguste joue à imiter la démarche et les actions de spectateurs lorsque ceux-ci s'installent sur les gradins. Les autres spectateurs s'amusent beaucoup de la supercherie… seul l'intéressé ne se rend compte de rien.
- Sur une musique de marche, tous les personnages se déplacent sur la piste. Un seul adopte une démarche particulière. Chaque fois qu'un autre personnage le croise, il le suit en prenant les même mimiques. Progressivement, tous les personnages présents sur la piste se suivent et évoluent en file en imitant la démarche du premier. Effet assuré pour une sortie.
- Des duos d'augustes sont assis en couple face à face, l'un des clowns exécute divers mouvements et l'autre l'imite (chacun peut s'imaginer comme le miroir de l'autre).
- Les clowns semblent attendre le train. Ils sont installés sur des chaises avec leur valise, le premier clown fait un geste, une mimique ou une grimace, les autres le reproduisent en cascade.

Parodiez

Exagérez les caractéristiques en vous servant des conseils donnés aux chapitres précédents pour trouver les costumes, les attitudes, les démarches, les mouvements, le langage les plus appropriés au personnage.

Parodiez les danseurs

- Sur une musique appropriée, dansez le charleston comme un caoutchouc, au ralenti, ou parodiez en tutu la danse classique d'une ballerine, tout cela le plus sérieusement du monde.

Parodiez des jongleurs

- Maintenez une plume de paon sur le front, jonglez avec des œufs.
- Exécutez des équilibres truqués avec des verres attachés sur le plateau, avec une balle tournante sur une ombrelle-bouteille en équilibre sur une canne, avec des boîtes de cigares dont une est attachée à la ceinture...

Parodiez les magiciens

- Apportez un ballon et une aiguille et annoncez que vous allez pouvoir percer le ballon avec l'aiguille sans le faire éclater. Essayez. Il éclate. Gonflez ensuite modérément un ballon de baudruche et nouez-le. Prenez une aiguille et mouillez-la avant de l'enfoncer doucement dans le ballon près du nœud... il n'éclate pas.
- Exercez les manipulations comiques (en ratant les tours).
- Utilisez des tours de magie truqués.

Parodiez les métiers.

- Le clown blanc décide de se faire coiffer et raser par l'auguste. Shampoing, crème à raser. Tout y passe...
- Deux augustes décident de peindre le portrait de spectateurs... Ils les placent, les peignent et finalement ils se disputent à grands coups de pinceaux et...

enduisent le pauvre modèle de toute la peinture. Heureusement, le spectateur est complice. Mais, lui seul le sait.

- Autres idées : les douaniers, les maçons, les pompiers…

Parodiez les sports

- L'haltérophile vient dans un costume ad hoc. Il soulève sans sourciller des haltères invisibles, plie une barre de métal (un long ballon gonflé), la passe à son collaborateur… qui la fait éclater.
- Les joueurs de basket s'affrontent avec un ballon imaginaire. Ils passent, dribblent, marquent… d'abord en vitesse normale et puis au ralenti. En accentuant les différents coups bas, les pincements et les coups de pieds, les cris de victoire.
- Autre idées : la boxe, le catch, l'escrime, le patinage, le tennis, le badminton, la natation…

Parodiez les grands classiques immortels

- Jouez les scènes les plus dramatiques de Roméo et Juliette en accentuant les réactions des héros, en utilisant du coca-cola pour le poison, un poignard qui se casse.

  La Belle au bois dormant ou l'opéra de *Carmen* peuvent être de bons sujets également.

Parodiez les personnages de cinéma ou de télévision

Dans un numéro de trapèze, devenez Tarzan dans la jungle ou entrez dans la peau de Ben Hur… ou Mac Gyver !

Faites de la pantomime

- Dessinez un objet dans l'espace, mimez ensuite son utilisation.
- Découvrez un objet sur la piste et donnez-lui une utilisation spécifique et fantaisiste : un anneau, un foulard, une corde, un bâton, une ficelle, une couverture... Utilisez-le comme si c'était...
- Donnez une intention à votre partenaire. Une fois installé, celui-ci se met en mouvement et continue l'action selon l'intention que vous lui avez donnée.
- En demi-cercle ou deux par deux, lancez-vous un objet imaginaire de l'un à l'autre, l'un le reçoit et le relance en imaginant qu'il est lourd, léger, qu'il devient énorme. L'objet est également lancé dans le public... qui est invité à réagir !
- Déplacez-vous dans l'espace scénique en imaginant différentes situations : dans l'eau, dans le vent ou la tempête, sur du sable brûlant... emmenez un spectateur dans cette découverte. Ajoutez des bruitages.
- Chaque clown vient lire une courte histoire en changeant de sentiment : passionné, désespéré, menaçant, amusé...

- Un groupe de clowns attend l'ouverture d'une porte imaginaire.
- Un groupe de clowns déguste un plat de fruits, des cerises juteuses dont il faut jeter le noyau, une banane bien mûre dont il reste l'épluchure. Inventez la suite.
- Entrez en piste et mimez l'ouverture d'un paquet. Qu'est venu vous apporter le facteur ?
- Pierrot décide de préparer un bouquet de fleurs pour Colombine.
- Vous êtes dans une pièce et vous en déterminez les contours avant d'y inviter un spectateur.
- Vous installez un paquet de bonbons imaginaire dans un espace précis mais imaginaire. Les clowns arrivent les uns après les autres, ouvrent le sac et dégustent un ou deux bonbons. Ils rangent alors précautionneusement le paquet afin de le retrouver et sortent. Le dernier clown remet le papier vide à sa place initiale.

Présentez gags et rolling gags

Pour créer la surprise, chaque gag doit être original et rapide. Les rolling gags font exception, ils se répètent et s'amplifient au long du spectacle.

L'eau à la bouche

Avant de faire son entrée, l'Auguste prend une gorgée d'eau, qu'il garde dans la bouche sans l'avaler. Il rentre en piste et, au moment où il s'approche du clown, il lui crache la gorgée d'eau à la figure.

Le seau d'eau

Rentrez en piste avec un balai et un seau d'eau ; balayez la piste et, tout à coup, prenez le seau d'eau et videz-le vers les spectateurs. Heureusement, le seau est rempli de confettis.

La découverte

Auguste invite un spectateur à découvrir son espace imaginaire. Avec lui, il ouvre et ferme les portes, grimpe l'escalier, boit un verre d'eau... Il accompagne chaque mouvement d'un bruit amplifié (grincements, claquements, gloussements...).

La présentation

Présentez un artiste en utilisant des appellations pompeuses ou des noms fantaisistes.

Les répliques

Discutez avec Monsieur Loyal en faisant preuve de compréhensions absurdes.
Utilisez des répliques inattendues.

Les effets d'agilités

Passez sur la piste en répétant plusieurs fois le même geste.
Trébuchez, roulez, chutez.
Utilisez des gestes asymétriques pour marcher.
Utilisez les gifles et les batailles.

Les rolling gags

Auguste nettoie la piste en renversant de plus en plus d'eau ou en faisant de plus en plus de poussière, avec un balai de plus en plus gigantesque, des chaussures de plus en plus encombrantes... au fur et à mesure des intermèdes !

L'auguste veut jouer un morceau de musique ou parodier un numéro de magie. À chaque occasion, il essaie de s'imposer, il est chassé par Monsieur Loyal.

Un auguste vient régulièrement et déplie son pique-nique de plus en plus débordant.

Jouez des petites entrées classiques

Les entrées sont des sketchs qui constituent à eux seuls des numéros. Ils durent un peu plus longtemps mais doivent garder un rythme soutenu.

La présentation d'un artiste qui n'arrive pas

Le présentateur vient sur scène annonçant avec beaucoup d'emphase un artiste d'une très grande renommée. Celui-ci n'arrive pas...
Le présentateur garde son sang froid, va jeter un coup d'œil discret derrière le rideau, revient, annonce une deuxième fois l'artiste qui n'arrive toujours pas...
Il essaye de meubler le temps mort, en occupant le public.
De là, il peut profiter de l'occasion pour présenter différents exploits en espérant toujours voir l'artiste arriver. Le tout sans en avoir l'air et en s'excusant !

Le ballon gonflable

Le clown se cache le visage derrière un ballon de baudruche.
Il avance prudemment. Soudain un faux pas..., le ballon s'en va.
Il tente de le rattraper, mais shoote dedans chaque fois qu'il veut le reprendre. Il est fâché.
Il change de tactique et lui demande poliment de revenir vers lui, le flatte, lui envoie des baisers de la main, le clown décide alors de sauter sur le ballon, celui-ci éclate (le clown a dissimulé à cet effet une aiguille dans la main).

Le clown réagit alors : il pleure, jette un regard méchant, s'éloigne honteux, montre une indifférence exagérée...

Le clown dompteur

MATÉRIEL : L'auguste revêt un masque de fauve ou se maquille comme tel : lion, tigre…

1

Le clown armé d'un fouet essaye de faire monter son lion sur un tabouret.
Celui-ci, féroce, ne se laisse pas immédiatement dompter mais grâce à la ténacité du dompteur, obtempère finalement.
Le dompteur salue fièrement l'assistance tandis que le lion s'applaudit lui-même.

2

Le dompteur demande ensuite à son terrible animal, de lui donner la main. Celui-ci l'empoigne solidement et lui laisse la main bien endolorie…

3

Le dompteur lui demande de faire le beau, l'animal va parader en se dandinant tout autour de la piste.

4

Le dresseur demande alors au lion de se coucher, celui-ci obéit, mais se met à ronfler bruyamment. Devant l'impossibilité de le réveiller, le dompteur apporte un réveil et le fait sonner. L'animal consent donc enfin à se réveiller non sans bâiller et s'étirer bruyamment.

5

Le clou du spectacle : le dompteur veut faire exécuter à son fauve un saut dans le cerceau. L'animal ne veut pas comprendre. À court d'arguments, le dompteur fait tenir le cerceau au lion et lui montre l'exercice. Content de son maître, le lion salue le public et à l'aide du fouet, fait sortir le dresseur à quatre pattes !

Le miroir brisé

- Auguste a brisé le miroir du clown qui doit répéter une pièce de théâtre. Pour éviter sa colère, il décide de se costumer comme son partenaire, se place derrière le miroir et imite tous les gestes de celui-ci. Il espère ainsi lui donner l'illusion qu'il est le reflet de sa propre image.
- Arrivant devant son miroir, le clown est surpris, il nettoie son miroir, lui fait des grimaces et, finalement conscient de la supercherie, lui lance un verre d'eau.

Au restaurant

- Le clown ouvre son restaurant, il a engagé Auguste comme maître d'hôtel.
- Un client arrive. Auguste l'installe, mais il lui retire la chaise au moment où celui-ci veut s'asseoir. Auguste lui sert l'apéritif mais le boit à sa place. Il renverse la soupe sur sa chemise et la nettoie en lui arrosant le visage.
  Finalement, pour couronner le tout, il lui fait sentir de (très) près la tarte à la crème!

La poupée mécanique

- Le clown vient de recevoir en cadeau une magnifique poupée mécanique qui danse sur son socle au son d'une musique cristalline.
- Profitant de l'absence du clown, Auguste va nettoyer la poupée à l'aide d'un plumeau. Maladroit, il la casse et pour éviter les foudres du clown, il se déguise grossièrement et prend la place de la jolie poupée.
- Dès son retour, le clown contemple la poupée avec curiosité.
- Hélas, fatigué de prendre des poses de danseuses, Auguste frappe le clown avec son plumeau, le ramenant ainsi à la triste réalité.

Le clown musicien

MATÉRIEL : remplissez des verres assez fins avec de l'eau sur différents niveaux jusqu'à obtenir les différentes notes de la gamme (commencez par le do en remplissant le verre le plus à gauche à ras bord).

Entraînez-vous alors à jouer une mélodie simple en frappant les verres avec une cuillère.
Vous pouvez jouer vous-même de votre instrument ou bien faire participer le public en attribuant à chacun un rôle propre… vous jouerez alors le rôle du chef d'orchestre.

Le champion de tir

- Le clown entre en piste et annonce qu'il est le champion du monde de tir au pistolet.
  Il présente un revolver et une pomme de terre, il lance la pomme de terre en l'air, tire un coup de feu et la pomme de terre retombe au sol, coupée en quatre, il salue.
- Entre alors Auguste qui annonce qu'il est encore plus fort que le clown. Il prend sa chaussure en main, lance et tire. À ce moment, du chapiteau dégringole une pluie de chaussures.

Le clown jongleur

- Le clown est très fier de présenter au public un numéro de jonglage absolument exceptionnel.
- Il se met à jongler consciencieusement avec des foulards ou à tenir des plumes en équilibre.
- Arrive Auguste qui, se moquant de lui, prétend qu'il pourra sans problème jongler avec 6 balles !
- Le clown ne le croit pas et continue à jongler.
- Auguste revient et se met effectivement à jongler avec 6 balles attachées 3 par 3 !
- Il salue la foule en délire et s'enfuit devant le clown blanc qui lui assène de bons coups.

Improvisez et jouez une entrée clownesque

Âge	À partir de 7 ans
Temps	3 fois une heure
Nombre d'enfants	20 à 25 répartis en groupe
Lieu	Un espace protégé pour écrire
Matériel	Des textes d'entrée clownesque ou des documents visuels (vidéo) Déguisements et matériel de clowns
Compétences sollicitées	Créativité, langue maternelle, coopération

Une entrée est composée d'une exposition brève de la situation pour nouer une intrigue d'où découle une cascade de péripéties vers une chute finale.

Préparation

- Répartissez les enfants en groupes.
- Prévoyez des textes d'entrée ou des documents vidéo avec des entrées classiques (on peut enregistrer cela lors des retransmissions télé de spectacles de cirque).

Déroulement

- Plantez le décor de la comédie, installez certains accessoires, définissez les personnages. L'exposition de la situation est claire, nette et précise : ex. aujourd'hui, je commence mon service militaire ; j'ai acheté un nouvel accordéon ; une jolie dame veut se faire photographier...
- Laissez les enfants improviser sur la situation. Essayez plusieurs scénarios en substituant certains accessoires à d'autres, en les multipliant : ex. la photo est floue, la dame y apparaît grossie... ou en singe. Préservez l'effet de surprise, évitez les temps morts (pour aller chercher les accessoires).
- Choisissez ce qui semble le plus pertinent ou le plus comique.
- Rejouez l'ensemble et créez des effets comiques en utilisant les gags, les démarches, les éléments sonores, les tours de magie, les tics, les acrobaties, les accompagnements musicaux, les changements de rythme, les mouvements au ralenti, les accessoires.
- Faites en sorte que ces gags ne se répètent pas et aillent en crescendo.
- Comparez ensuite à un texte classique d'entrée clownesque.
- Repérez les paramètres caractérisant les entrées (sujets, personnages, problèmes, chutes, effets comiques).
- Corrigez éventuellement tous ensemble.
- Envisagez ensuite la rédaction d'un texte.

Paramètres de l'entrée

- **Le sujet**
  C'est l'idée maîtresse : le camping, le restaurant, le pique-nique, le coiffeur, le service militaire.
  Le public doit découvrir quelque chose de nouveau, il faudra donc traiter le sujet d'une manière originale.
- **Les personnages**
  Le clown et l'auguste s'appelleront... Auront comme rôle...
- **Le problème**
  Que va-t-il se passer ? À cet endroit... Entre ces deux personnages ?
  Au camping, par exemple, on peut devoir planter une tente.
- **La chute**
  C'est quelque chose qui n'est pas attendu dans le scénario habituel.
  Ici, on peut imaginer que Totoche, au lieu d'enfoncer le piquet, frappe sur le doigt du clown blanc, qu'il l'assomme malencontreusement ou l'ensevelit sous la tente.
- **Les dialogues**
  Ils sont en style direct et comprennent des effets comiques : mots déformés, appellations pompeuses, répétitions, interjections.

Il est plus intéressant de créer une entrée à partir de l'improvisation qu'à partir d'une écriture formelle.
Notez cependant rapidement les différentes trouvailles afin de pouvoir exploiter les effets comiques.

Avec les petit enfants, utilisez la dictée à l'adulte ou organisez des groupes d'âges différents.

Avec l'équilibre, envisagez également... la perte d'équilibre... Prévoyez chutes glissements et utilisez le matériel improvisé de manière sécuritaire.

Responsabilisez les enfants par rapport aux éléments de sécurité : stabilité des engins, présence de tapis en cas de chute, casques, coudières genouillères lors de l'utilisation d'engins glissants.

ÉQUILIBRISTES

Depuis sa naissance, l'enfant intègre progressivement le monde qui l'entoure, il expérimente toute une série de réponses motrices face au défi de l'équilibre et sélectionne les plus pertinentes. Ces comportements lui permettront finalement de maîtriser la marche, la bicyclette, le patin à roulettes...

Par nature, les enfants sont prudents. Ils deviendront audacieux s'ils ont suffisamment de bagage moteur pour contrôler la situation mais ils deviendront téméraires si nous les poussons au-delà de leurs limites.

Dans toutes les nouvelles situations d'équilibre, il faut donc permettre à l'enfant d'expérimenter et d'apprivoiser la difficulté à son rythme. Si l'adulte respecte cette règle, l'enfant ne s'aventure pas dans des exercices trop périlleux. De plus, si les exercices sont bien choisis et progressifs, il est capable de les exécuter seul, sans aide.

Préparez-vous

1,2,3 soleil

Déroulement

- Le meneur de jeu se place face au mur, le groupe d'enfants se tient à distance (10 ou 20 mètres).
- Les enfants doivent atteindre le mur le plus rapidement possible.
- Ils ne peuvent progresser que lorsque le meneur de jeu prononce la phrase « 1,2,3 soleil... »
- Quand le meneur de jeu achève de prononcer la phrase, il se retourne... et observe. Le joueur surpris en mouvement doit retourner au point de départ.

Variantes

- **Déplacement**
  Sur une ligne droite, sur des cordes placées au sol, en pas de souris avant, arrière, en maintenant un sakari sur la tête, sur un parcours d'obstacles, sur un banc suédois, les pieds encombrés par des skis, une main sur le genou, en portant un gobelet rempli d'eau, en duo en maintenant une balle entre soi, en se tenant le genou, sur des tricycles, des bicyclettes...

- **Arrêt**
  Arrêt en équilibre sur deux pieds joints, sur un pied, sur la pointe des pieds, sur les talons, yeux fermés, arrêt bras en l'air, sur un petit tapis, sur une chaise ou un engin quelconque, arrêt après franchissement de petits obstacles...

Exercez-vous en sécurité

Âge	À partir de 4 ans (cela dépendra de la difficulté du circuit)
Temps	Entre 20 minutes et 1 heure. On peut refaire à loisir ce type d'activité qui permet à chacun de s'exercer à son rythme
Nombre d'enfants	Entre 1 et 25 selon l'espace et les engins disponibles
Lieu	Une salle de sport, une salle polyvalente, un terrain extérieur
Matériel	Banc, tapis, corde... (voir : sur quoi s'équilibrer)
Compétences sollicitées	Habiletés motrices, équilibre, confiance en soi, respect de l'autre, observation, organisation dans l'espace, orientation
But	S'équilibrer dans la marche, la course et les sauts dans de multiples situations

Préparation-organisation

- Organisez l'espace sous forme de circuits.
  - des cordes placées au sol
  - une marelle tracée à la craie
  - des bancs suédois
  - des jeux d'élastiques
  - des plans inclinés
  - des rondins
  - des pneus
  - des objets sur roulettes, vélos, tricycles, trottinettes, patins
  - des tapis mous
  - des passages étroits ou en hauteur
  - des objets arrondis ou quelque peu instables
  - des objets encombrants comme des skis ou des échasses ou... des chaussures à hauts talons
  - des rouleaux en mousse
- Placez éventuellement entre les postes des flèches au sol pour indiquer l'orientation à prendre entre les obstacles.
- Répartissez les enfants en groupes de 3 ou 4 à divers endroits du circuit
- Précisez les consignes de sécurité :
  - adapter l'activité au support,
  - susciter votre aide si nécessaire,
  - prévoir l'amortissement des chutes,
  - aller à son rythme et respecter le rythme du précédent
  - on peut dépasser un enfant plus lent sans le perturber.

Déroulement

- Suggérez à chaque groupe d'enfants d'explorer librement le circuit (découvrir, expérimenter, chercher des utilisations).
- Mettez ensuite en évidence les éléments intéressants en faisant démontrer l'un ou l'autre enfant.
- Insistez toujours pour que les enfants soient attentifs jusqu'à la fin de leur parcours. Les chutes ont lieu le plus souvent dans le dernier mètre quand l'attention est relâchée.

Variez les consignes :
se déplacer avec un objet encombrant, avec un fardeau dans les mains, sur l'épaule ; en transportant des objets à maintenir stables (verre rempli, bâton tenu en équilibre sur la tête) ;
se déplacer en tenant un camarade par la main ; à quatre pattes ; avec et sans chaussures, avec des échasses, des skis, des patins, des béquilles,

LA PROMENADE DES CHATONS

Choisissez une musique de jazz ou… pourquoi pas un extrait de la musique de film de Walt Disney, « Les Aristochats » ? Costumés et maquillés, déplacez-vous avec emphase sur les différents engins. Arrive le terrible poursuivant… il faut s'enfuir !

LE CINÉMA MUET.

Sur une musique évoquant les rythmes effrénés du cinéma muet, on peut réaliser le parcours déguisé… en Charlie Chaplin.

LE DRESSEUR D'OURS

Sur une musique entraînante, les enfants déguisés et maquillés en oursons rentrent en piste sur leurs divers engins, ils sont suivis par leur dresseur…
Les ours après plusieurs tours de piste s'installent en groupe d'un côté de la piste. Un à un, ils viennent effectuer une prouesse sous les injonctions du dresseur.

TROTTINETTES

Réalisez un petit slalom après élan, passez sous un obstacle, roulez sur un passage étroit, attrapez un objet au passage, maintenez l'équilibre à l'arrêt pendant quelques secondes.
Roulez en danseur, debout sur le porte-bagages ou debout sur la selle.
Roulez en détachant les mains du guidon…

Les funambules

Âge	À partir de 6 ans
Nombre d'enfants	De 1 à 25
Lieu	Une salle de sport, une cour de récréation… un espace naturel
Matériel	Des bancs suédois retournés, une bordure étroite… éventuellement un câble de funambule à faible hauteur
Compétences sollicitées	Équilibre, mémorisation
But	Monter un numéro de funambule

Préparation-organisation

- Préparez l'espace et le matériel dont vous disposez pour que chaque groupe d'enfants puisse s'exercer en sécurité.
- Prévoyez éventuellement les supports permettant de sécuriser les apprentissages.

Déroulement

- Donnez les consignes générales de l'activité, en faisant une démonstration personnellement ou en proposant à un enfant de l'effectuer.
- Laissez les enfants s'exercer librement.
- Observez leurs actions en fonction des consignes que vous avez formulées.
- Corrigez les actions des enfants individuellement au besoin.
- Utilisez la démonstration d'un enfant pour mettre en évidence les éléments essentiels à corriger.
- Encouragez les enfants à essayer de nouveau en corrigeant.

Équilibre à l'arrêt

Sur un pied, bras étendus latéralement, les mains sont au-dessus du niveau des épaules, les coudes sont souples, la jambe libre ouverte latéralement. Ajoutez, si vous le souhaitez, une ombrelle ou un éventail pour favoriser l'utilisation des bras. Maintenez le corps le plus gainé possible. La nuque est en extension, le regard au bout du câble ou du banc retourné. La jambe est libre et les bras équilibrent, le corps reste droit et contracté. Seuls les bras bougent (la respiration est libre, les épaules basses).

Déplacements en équilibre

Le regard vers le bout du câble ou du banc retourné, les pieds se déplacent en glissant à partir de la pointe du pied.
Dès que le corps se déséquilibre, recherchez l'équilibre à l'arrêt avec la jambe libre et les bras, mais gardez au maximum le corps gainé et aligné

On passe ensuite aux demi-tours, pas de danse, marche avec les pieds en ouverture.

EN PISTE

LA DANSEUSE SUR FIL
Comme les funambules chinois, présentez un numéro tout en finesse.
Choisissez un fond sonore de type asiatique. Enfilez un costume chinois, prenez une ombrelle et évoluez sur votre fil (ou sur le banc suédois retourné placé à faible hauteur).
Variez les déplacements, tentez quelques pas de danse, prenez des positions plus difficiles en couché ou en assis par exemple. Transportez des objets sur un plateau, utilisez de longs rubans que vous faites virevolter...

Équilibres sur rolla-bolla

Âge	À partir de 6 ans
Nombre d'enfants	De 1 à 25
Lieu	Une salle de sport, une cour de récréation… un espace naturel
Matériel	Rouleau à pâtisserie et planche, rolla bolla supports stables à hauteur des hanches : Tables, espaliers,
Compétences sollicitées	Habiletés motrices : équilibre Mémoriser une suite d'actions
But	Monter un numéro d'équilibre sur rolla bolla

Construction

- Un rouleau à pâtisserie, un tuyau en PVC assez rigide de 5 cm de diamètre et de 30 cm de long, ainsi qu'une planche d'une dimension de 50 x 30 cm suffisamment solide pour supporter le poids d'un enfant, feront l'affaire.
- Sur une des faces de la planche, clouez, collez ou vissez à chaque extrémité une languette de bois qui limitera la course de celle-ci pendant les exercices.

Préparation-organisation

Organisez l'espace en ateliers :

- sur un tapis très mou devant un mur ;
- sur un tapis plus dur devant l'espalier ;
- en limitant la course du rouleau entre deux tapis et devant une table ;
- avec un rouleau de petit diamètre ;
- avec un rouleau de plus grand diamètre.

Déroulement

- Donnez les consignes générales de l'activité, en faisant une démonstration personnellement ou en proposant à un enfant de l'effectuer.
- Laissez les enfants s'exercer librement.
- Observez leurs actions en fonction des consignes que vous avez formulées.
- Corrigez les actions des enfants individuellement au besoin.
- Utilisez la démonstration d'un enfant pour mettre en évidence les éléments essentiels à corriger.
- Encouragez les enfants à essayer de nouveau en s'attachant à respecter les éléments essentiels.

Figures, variantes et progressions

- Placez-vous devant un espalier, une table ou un engin stable permettant un appui un peu plus haut que les hanches.
- Placez la planche symétriquement sur le rouleau.
- Montez sur la planche en plaçant les pieds de part et d'autre du rouleau.
- Effectuez la montée sans appui ou à partir d'un saut.
- Exécutez un quart de tour à droite et à gauche.
- Détachez un foulard attaché à la cheville.
- Effectuez l'exercice à deux face à face.
- En équilibre sur le rolla bolla, lancez un foulard en l'air, faites tourner des anneaux autour des poignets, faites exécuter des moulinets à un long ruban.

EN PISTE

UN NUMÉRO... SÉRIEUX
Deux équilibristes sur deux rolla bolla face à face effectuent une série de prouesses en parfaite coopération et en alternance.

EN PARODIE POUR UNE REPRISE CLOWNESQUE
Si quelques compères découvrent un rouleau à pâtisserie... Qu'en font-ils ? Pourquoi pas, en plus d'un grand déballage de farine, une petite démonstration d'équilibre ?

Équilibres sur échasses

Âge	À partir de 6 ans
Nombre d'enfants	De 1 à 25
Lieu	Une salle de sport, une cour de récréation... un espace naturel permettant des appuis
Matériel	des chaussures à hauts talons, des appuis, des échasses à attacher fabriquées ou des échasses à tenir,
Compétences sollicitées	Équilibre, mémorisation
But	Monter un numéro de funambule

Construction

- Pour les tout petits, utilisez des chaussures à hauts talons ou les échasses constituées d'un support actionné par des ficelles.
Choisissez des tubes en PVC (des boîtes de conserves poncées ou des tuyaux en plastique assez rigides pour supporter le poids d'un enfant). Coupez-les entre 10 et 20 cm, fixez-y des ficelles assez longues qui pourront êtres actionnées par les mains. On peut aussi fixer les tubes aux pieds des enfants par des sangles.

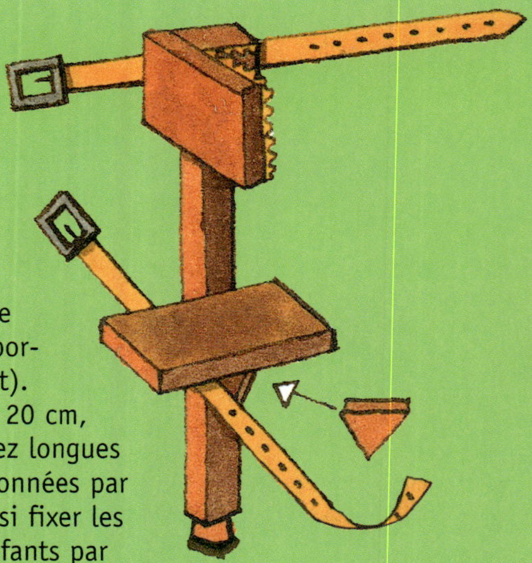

- Pour les plus grands, construisez les échasses suivant le modèle ci-contre.

Organisation

Organisez l'espace et prévoyez les supports permettant de sécuriser les apprentissages.

Déroulement

- Donnez les consignes générales de l'activité, en faisant une démonstration personnellement ou en proposant à un enfant de l'effectuer.
- Laissez les enfants s'exercer librement.

LES INSECTES GÉANTS
Déguisez-vous en insectes à grandes pattes pour accueillir ou placer les spectateurs en début de séance, vendre les programmes... servir au bar. Installez une ménagerie à faire visiter à l'entracte... frissons assurés.

LES GROOMS
L'idée est la même mais cette fois, les échassiers sont déguisés en grooms ou en bonimenteurs.

LE MARIONNETTISTE
Sur une musique légère (« Casse-noisettes » de Tchaïkowsky), un marionnettiste du haut de ses échasses actionne une jolie ballerine. Celle ci s'échappe tout à coup et danse.
Le marionnettiste tout triste doit l'amadouer pour qu'elle revienne, libre cette fois, à ses côtés.

- Utilisez la démonstration d'un enfant pour mettre en évidence les éléments essentiels à corriger.
- Encouragez les enfants à essayer de nouveau en s'attachant à respecter les éléments essentiels.

Insistez sur la marche permanente sur place.
Le corps reste gainé, fesses et ventre serrés.

Activités pour les échasses attachées

- Maintien debout
- Chutes
- Déplacement en maintenant les genoux en extension,
- Déplacement avec appui,
- Déplacement avec un aide,
  déplacement avec une canne
  déplacements autonomes
  (en avant, en arrière, de côté)
  en s'abaissant,
  franchissement d'obstacles
  slalom
  en jonglant...,
- Sauts à la corde,
- Danses...

Pour les petits, il est clair que la masse, la taille et la forme de l'objet vont influencer la capacité à jongler.
Avant de commencer, un conseil : jouez donc avec tout ce qui vous tombe sous la main : des balles, des coussins, des sacs de sable, des fruits.

JONGLEURS

Jongler, c'est jouer avec les objets pour le plaisir de les manipuler, pour la joie d'exercer des habiletés. Pour jongler, il faut être capable de lancer en l'air les uns après les autres des objets à mesure qu'on les reçoit. On peut aussi maintenir en équilibre des objets sur une partie du corps.

Vous trouverez dans ce chapitre des exercices systématiques d'apprentissage. Ils sont présentés de manière progressive, du plus simple au plus complexe, mais il va sans dire que vous inventerez de nouveaux défis à partir de ces bases et selon le matériel dont vous disposez.

Réalisez une collection d'objets pour jongler

Âge	À partir de 4 ans
Temps	1 heure pour préparer la tâche avec les enfants 1 semaine pour récolter les objets
Nombre d'enfants	1 à 25
Lieu	Un espace couvert
Matériel	Une grande table ou une bâche, des caisses en carton, des malles ou contenants divers, des feutres, des étiquettes avec images pour les plus petits
Compétences sollicitées	Capacité à trier et sérier, coopération
But	Se créer une réserve d'accessoires pour jongler et exercer les manipulations.

Si cela n'a pas été apporté, ajoutez des miroirs, des paravents ou ce qui pourrait servir de coulisses.
Pour l'apprentissage, veillez à disposer de panneaux lisses qui pourront s'utiliser comme des plans inclinés.

Préparation-organisation

Quelques jours avant l'activité, établissez avec les enfants une liste de matériel pouvant servir à la jonglerie, après avoir observé ensemble différents documents sur le sujet.

Déroulement

- Disposez les caisses en carton ou les contenants préparés.
- Collez-y une image représentant le type d'objets ou indiquez-y le contenu : balles, ballons, ballons de baudruche, quilles, foulards, plumes, disco plane, ballons de plage, raquettes, assiettes en carton ou en plastique, diabolos, chapeaux, boîtes à cigares, bâtons, rouleaux de papier W.C., osselets, peluches, baguettes, anneaux en caoutchouc, papier journal.
- Collectez les différents objets dans un endroit précis (un coin du local...)
- Faites-les classer au fur et à mesure dans les contenants prévus.

Fabriquez des balles

Âge	À partir de 5 ans
Temps	Quelques minutes
Nombre d'enfants	De 1 à 25
Lieu	Une pièce, une tente, un chapiteau
Matériel	Pour chaque balle : 3 ballons de baudruche, une poignée de graines d'oiseaux, du riz cassé, du sable, des ciseaux, un entonnoir improvisé au moyen d'un carton enroulé, un petit élastique ou une ficelle pour fermer le ballon.
Compétences sollicitées	Créativité, habiletés manuelles
But	Construire des balles de jonglage

Préparation-organisation

Répartissez le matériel.

Déroulement

Aidez les enfants pour la quatrième opération car elle demande un peu de force. Adaptez la taille des balles à la main des enfants. Ces balles ont l'avantage d'être très colorées et de ne pas rebondir dans la main.

1 Distribuez à chaque enfant le matériel pour confectionner un sac.

2 Introduisez un entonnoir dans le ballon, et versez-y petit à petit du riz en tassant de temps en temps pour que le ballon s'étende.

3 Lorsque le ballon a la dimension désirée, fermez avec la ficelle et coupez le goulot.

4 Coupez l'embout du deuxième ballon, étirez-le et glissez le ballon rempli à l'intérieur de celui-ci. Veillez à fermer l'issue de l'autre ballon avec ce dernier.

5 Faites de même avec le troisième ballon.

Fabriquez les sakaris

1

Dans un joli tissu de couleur, coupez un rectangle de 10 x 20 cm.

2

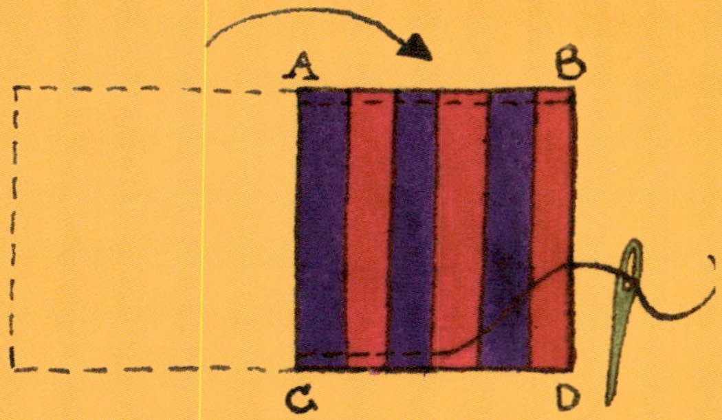

Pliez-le en deux dans le sens de la longueur, et cousez-en les côtés ab et cd.

3

Retournez, et placez les coutures l'une en face de l'autre (le point b sur le point d). Remplissez avec un peu de riz.

4

Faites un petit rebord et cousez le dernier côté de part et d'autre des autres coutures (vous obtenez la forme d'un berlingot triangulaire).

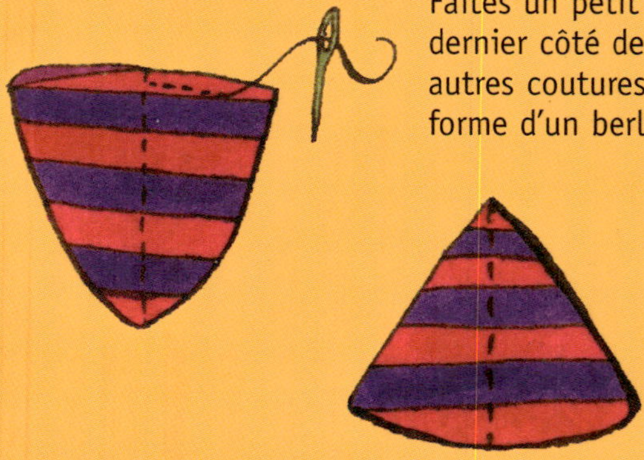

Exercez-vous

Âge	À partir de 4 ans
Temps	Entre 20 minutes et 1 heure. On peut refaire à loisir ce type d'activité qui permet à chacun de s'exercer à son rythme
Nombre d'enfants	Entre 1 et 25 selon l'espace et le nombre d'accessoires disponibles
Lieu	Une salle de sport, une salle polyvalente, un terrain extérieur
Matériel	Varié ; balles, ballons, anneaux, chapeaux, une plume de paon par enfant, des plumeaux, petits balais… tout le matériel collecté
Compétences sollicitées	Créativité, persévérance, autonomie, résolution de problème, habiletés manuelles
But	Explorer les habiletés motrices liées à la jonglerie

Préparation-organisation

- Préparez des paniers contenant un choix d'objets.
- Listez sur des fiches un choix d'actions motrices (utilisez des dessins pour les plus petits)
- Divisez le lieu pour que chaque groupe d'enfants (de 3 ou 4) dispose d'un espace précis.
- Cette activité peut s'exercer de manière individuelle.

Déroulement

- Installez chaque groupe d'enfants dans un espace délimité avec un panier de matériel.
- Suggérez à chaque groupe de découvrir, expérimenter, chercher des utilisations avec le matériel dont il dispose.
- Encouragez chaque groupe à se mettre d'accord sur une utilisation et à la présenter aux autres.
- Toutes les situations ne doivent pas nécessairement donner lieu à une présentation, suggérez aux enfants de choisir après quelques expériences celles qu'ils souhaitent partager.

Suggestion

Pour commencer, on peut lancer un chapeau, échanger un foulard, viser dans une cible, se lancer balles et ballons…

Un ballon de baudruche

- Chaque enfant fait rebondir un ballon sur les mains, sur la tête, sur les épaules, sur la baguette ou un climat tube. En étant debout, à quatre pattes, assis par terre, assis sur des petites chaises que l'on déplace.
- Les enfants courent partout sur la piste en maintenant les ballons en suspension (tous s'occupent de tous les ballons).
- Deux enfants échangent un ballon en le lançant et le rattrapant alternativement avec la tête, le genou, le pied, le coude...
- Chaque enfant lance le ballon de baudruche, fait une acrobatie, grimpe, enfile un bonnet, passe dans le cerceau... et revient rattraper le ballon avant sa chute.
- Par équipe de 5, chacun vient à son tour relancer le ballon placé à 10 mètres.

Avec un partenaire... 3 ballons

Les ballons de baudruche attirent les enfants. Ils sont colorés et leur déplacement est lent. Ceci permet de se positionner facilement par rapport à leur trajectoire. Ils sont bien adaptés aux petits, mais revêtent aussi un intérêt pour les plus grands à qui ils permettent de tester de nouveaux modes d'organisation.

Chacun des partenaires lance à son tour...
Les ballons 1,2,3 se succèdent, 1,2,3, 1,2,3...
En suspension : Rouge, jaune, vert, rouge, jaune, vert.

1

Pierre a deux ballons, le rouge (1) en main, le vert (3) coincé entre les genoux. Valentin a le ballon jaune (2) en main.

2

Pierre lance le ballon rouge (1) en direction de Valentin, le ballon 1 est en suspension.

3

Valentin lance le ballon jaune (2) en direction de Pierre. Valentin rattrape le ballon 1. Le ballon 2 est en suspension.

4

Pierre lance le ballon vert (3), il rattrape le ballon 2. Le ballon 3 est en suspension. Ainsi de suite... 1,2,3...

Quand cet exercice est bien assimilé, on peut l'effectuer avec de très gros ballons, l'effet est assuré !

Équilibrez des plumes de paon

Même les tout petits peuvent réaliser cette prouesse car les plumes tiennent facilement en équilibre sur la main, le doigt, le nez...
Attention, il faut toujours pouvoir contrôler la position de l'objet équilibré avec le regard.
Vous pouvez tenir en équilibre des baguettes, des plumes, des fleurs, des balais.

- Placez la plume verticalement sur la paume de la main. Regardez-la en fixant son œil et déplacez la main afin de la maintenir en dessous de l'œil.
- Effectuez le même exercice en plaçant la plume sur le doigt puis sur le nez, sur le front...
- Passez la plume d'une main dans l'autre, du nez à la main, du coude à la main.
- En maintenant la plume sur une partie du corps, changez de position. Passez par exemple de la position debout à la position agenouillée, ou assise et retour.
- Effectuez un parcours avec la plume en équilibre.
- Tenez la plume en équilibre pendant que vous passez dans un cerceau.

LE JONGLEUR ÉQUILIBRISTE

Un enfant vêtu comme un enfant modèle présente ses prouesses en numéro solo. Sur une musique, il commence par le plus simple et progresse vers le plus complexe.

LES VOLEURS DE PLUMES

Une spectatrice complice arbore quelques plumes sur son chapeau. Les clowns curieux s'en emparent et jouent à les équilibrer sur les doigts, les mains, le nez dans une progression de difficulté. Arrive Monsieur Loyal qui remet tout en place et restitue à la spectatrice l'ornement de son chapeau.

Mettez les deux artistes en parallèle et suggérez-leur de progresser dans la difficulté dans une surenchère sympathique.

LA LETTRE

Le clown blanc doit écrire une lettre à un ami pour l'inviter. Espiègle, l'auguste lui emprunte sa plume et joue à l'équilibrer avant de la lui rendre sous ses invectives.

LA PLUME QUI S'ENVOLE

Comme au Cirque Plume, placez une plume dans un tube, soufflez dans le tube vers le haut, la plume s'envole et rattrapez-la sur le nez...
Si vous le pouvez...

Et hop les foulards

On se procure dans le commerce (merceries, grandes surfaces), des foulards de voile aux couleurs vives. Ils sont jolis, légers et tombent très lentement.
On peut aussi y ajouter des carrés de plastique légers (40 x 40 cm), découpés dans des poches d'emballages de couleurs.

- Lancez le foulard paume vers le bas en le saisissant bien au centre (pas dans un angle).
- Jouez à lancer le foulard et à le rattraper sur le coude, sur la tête, sur le pied, sur le genou…
- Lancez le foulard, frappez dans les mains, rattrapez-le.
- Lancez le foulard par-dessous la jambe.
- Lancez le foulard derrière la tête et rattrapez-le après un demi-tour.
- Lancez le foulard, exécutez un tour complet, rattrapez-le.
- Lancez deux foulards simultanément et rattrapez-les.
- Lancez un foulard et puis l'autre verticalement, en chantant en rythme : « lancer, lancer, rattraper, rattraper… »
- Lancez chacun des foulards, frappez la main sur la cuisse avant de rattraper.
- Lancez avec la main droite, lancez avec la main gauche, rattrapez avec la main gauche, rattrapez avec la main droite en croisant les foulards.

UN NUMÉRO AVEC PARTICIPATION DU PUBLIC

Les clowns vont chercher deux ou trois spectateurs auxquels ils font exécuter différents lancers... Tout simplement. Comme les gestes sont assez faciles à réaliser, les non initiés pourront aisément prendre part au jeu des clowns. Ils seront ravis !

LES PETITS JONGLEURS

Recherchez une harmonie de couleurs ou un contraste.
Suggérez aux enfants de se disposer joliment sur la piste... (on peut imaginer une forme d'étoile ou une forme géométrique).
Soutenez les prouesses par une musique de fanfare ou une valse. C'est ravissant et... tout simple !
Changez les orientations : une fois vers le centre de la piste, une fois vers l'extérieur, par exemple et modifiez les niveaux : les exercices se font en agenouillé ou debout...

JEU DE L'ÉTOILE

Sur une musique entraînante, formez des groupes de 5 à 8 enfants déguisés faisant effectuer un circuit (toujours le même) à une, deux ou plusieurs balles entourées d'un foulard de couleur.

Trois foulards solo

Âge	À partir de 5 ans
Temps	Chaque situation peut faire l'objet d'un apprentissage et d'une mise en scène
Nombre d'enfants	1 à 25
Lieu	Un espace d'entraînement : un lieu abrité du vent (c'est important), une piste, un espace scénique
Matériel	Trois foulards en mousseline par enfant concerné, costumes, maquillages, accessoires, CD
Compétences sollicitées	Habiletés motrices
But	S'entraîner à jouer en situation de spectacle, mettre en scène un numéro

Préparation-organisation

Installez l'espace scénique ou la piste : tentures, caisses, coulisses (voir chapitre « Se préparer »).

Déroulement

- Donnez les consignes générales de l'activité sous forme verbale par une démonstration ou par un schéma.
- Laissez les enfants s'exercer à leur rythme pour arriver à l'automatisme de chacune des phases du mouvement.
- Proposez aux enfants qui le souhaitent de se produire de manière plus formelle en fin de séance.

Pour apprendre vous pouvez commencer avec une seule main... lancez et allez chercher le foulard au sol avec la même main... exécutez l'exercice en agenouillé ou placez le foulard libre sur un support à hauteur des hanches. Vous devrez ainsi moins vous baisser.

Consignes

Placez un foulard au sol et un foulard dans chaque main. Par exemple : le foulard rouge au sol, le foulard noir dans la main droite, le foulard vert dans la main gauche.

De la main droite, lancez le foulard noir(1) et allez chercher le foulard rouge (3) avec cette main droite.

De la main gauche, lancez le foulard vert (2). Le foulard noir (1) est entretemps tombé devant les genoux... Allez le chercher avec la main gauche.

De la main droite, lancez le foulard rouge (3) et allez chercher le foulard vert (2) tombé au sol. Ainsi de suite... On dit : Je lance, je vais chercher... je lance, je vais chercher... et hop... et hop... et hop... Noir... vert... rouge... noir... vert... rouge... noir...
ATTENTION, il faut bien aller chercher le foulard au sol avec la main qui vient de lancer le précédent. Certains ont tendance à changer de main.

Des variantes : les verticaux

- La main droite exécute l'exercice de lancer et de prendre. La main gauche lance et rattrape le foulard qu'elle a lancé un temps sur deux.
- Placez le troisième foulard soit au centre des deux autres soit à gauche, soit à droite.
- Au fur et à mesure, essayez d'enchaîner les deux mouvements, huit et vertical...

Des foulards en duo

Côte à côte

- Les deux partenaires se placent côte à côte, bras dessus, bras dessous.
- Chacun travaille uniquement avec la main extérieure.
- Les partenaires se partagent les foulards, deux pour l'un, un pour l'autre.

- Le détenteur des deux foulards lance un de ses foulards en direction de son partenaire.
- Celui-ci lance ensuite le sien juste avant de rattraper le premier foulard lancé…
- Ainsi de suite, chacun à son tour lance le foulard qu'il avait en main avant de rattraper celui envoyé par le partenaire.

Face à face chacun à son tour

- Les partenaires se font face.
- Ils se partagent les foulards : 3 pour l'un et deux pour l'autre.
- Le détenteur des trois foulards jongle en huit et compte chaque fois qu'il lance un foulard de la main droite, par exemple.
- Au 6e temps, il accentue son lancer : son partenaire prend le relais pour entamer sa jonglerie en huit.
- Ainsi chacun à son tour jongle pendant 4 temps.

Quand on est bien habitué avec les 5 foulards, on peut en ajouter un et échanger un foulard au signal convenu. Les pros utilisent un petit code pour démarrer ensemble, ils lèvent les bras simultanément… avant de commencer le mouvement de jonglerie.

Jonglez en groupe

- **Tous ensemble**
  Un foulard par personne, maintenir tous les foulards en suspension en se déplaçant dans l'espace.

- **Se placer en cercle, épaule gauche au centre**
  - Chaque enfant a un foulard dans la main droite.
  - Au signal de l'animateur ou d'un membre du groupe, chacun lance son foulard vers l'arrière, chacun reçoit ainsi un foulard de son voisin de devant.
  - Un, deux, trois, lancer… un, deux, trois, lancer…
  - Il faut être attentif au foulard qui arrive et non pas à celui qu'on lance… et bien respecter le rythme des lancers.

- **En cercle, face au centre, chaque enfant a deux foulards**
  - Au signal chacun lance ses deux foulards verticalement, se déplace d'un pas vers la gauche (ou la droite selon la consigne) et rattrape les foulards de son voisin de gauche… ainsi de suite.

- **En rang : chaque participant a un foulard**
  - Chacun lance à son tour son foulard verticalement, se déplace d'un pas vers le premier de la file.
  - Le premier de la file, après avoir lancé son foulard, se précipite vers la fin de la file pour rattraper le foulard lancé par le dernier… et ainsi de suite.

NUMÉRO SÉRIEUX EN SOLO OU EN DUO
En jongleur gentleman, présentez vos numéros individuellement comme des prouesses dans un crescendo de difficulté.

PARADE FINALE
Utilisez les jonglages en groupe pour mettre en scène une parade finale avant le salut collectif.

COMME DES MONSTRES
Mettez en scène ces différents mouvements avec une lumière noire. Magie garantie !

PARODIE DE JONGLEURS
Dans les parodies de jongleurs, les clowns, après avoir raté une série de prouesses, réussissent avec brio un numéro de jonglage avec des poches en plastique abandonnées sur la piste…

Jongleries avec balles

Des balles en huit et en cascades

Âge	À partir de 6 ans
Temps	Chaque situation peut faire l'objet d'un apprentissage et d'une mise en scène
Nombre d'enfants	1 à 25
Lieu	Un espace d'entraînement. Si le sol est dur, cela permet d'exercer les rebonds. Si l'on dispose de murs, on pourra les exploiter. Prévoir une planche à incliner pour l'apprentissage. Une piste, un espace scénique, pour les mises en scènes
Matériel	Des balles qui rebondissent pour les exercices, des balles à jongler (celles qui sont fabriquées, au moins 3 par enfant concerné), costumes, maquillages, accessoires, CD
Compétences sollicitées	Habiletés motrices
But	S'entraîner à jouer en situation de spectacle. Mettre en scène un numéro

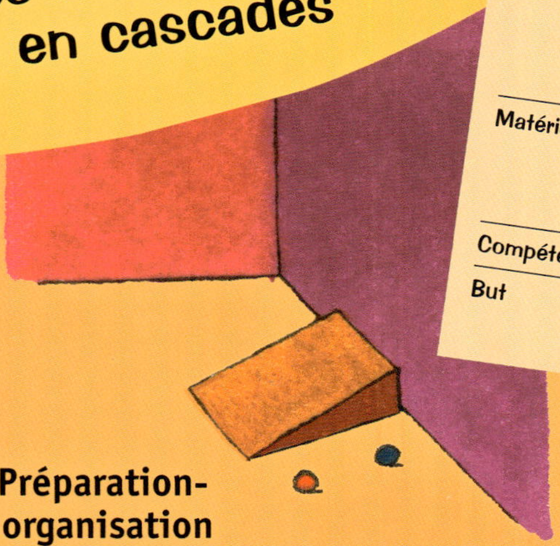

Préparation-organisation

- Prévoyez le matériel et l'espace suffisant pour les activités.
- Envisagez une organisation en ateliers pour avoir la possibilité d'encadrer les enfants dans leur phase d'apprentissage.
- Prévoyez des ateliers de manipulation plus simples en alternance.

Déroulement

- Donnez les différentes progressions pour apprendre le mouvement conventionnel.
- Laissez les enfants s'exercer et rechercher leurs propres stratégies pour adapter le mouvement au problème posé.

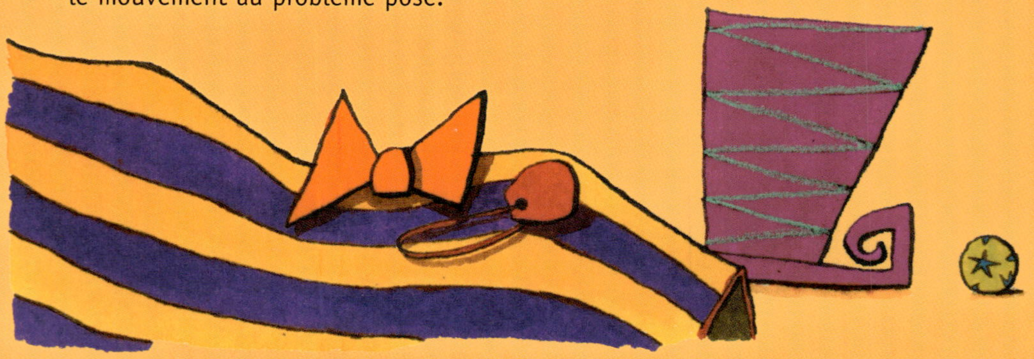

- Corrigez-les individuellement au besoin (intensité du mouvement, direction...).
- Entraînez-vous à faire rouler et rattraper successivement deux balles dans la main droite, (ou dans la main gauche).

- Veillez à contrôler la force du lancer, la hauteur et précisez la trajectoire, au besoin tracez à la craie la trajectoire à effectuer.
- Redressez progressivement l'inclinaison de la planche. Les balles iront plus vite, la difficulté augmentera.
- Recherchez le maximum de régularité dans l'intensité et l'orientation des traces.

Les enfants les moins habiles auront besoin de vos encouragements car la première phase de l'apprentissage se révèle ardue. Aidez-les à accéder aux automatismes avant de passer à des exercices plus complexes.

le huit

- Lancez une balle de la main gauche et rattrapez-la de la main droite.

- Lancez une balle de la main droite et rattrapez-la de la main gauche.

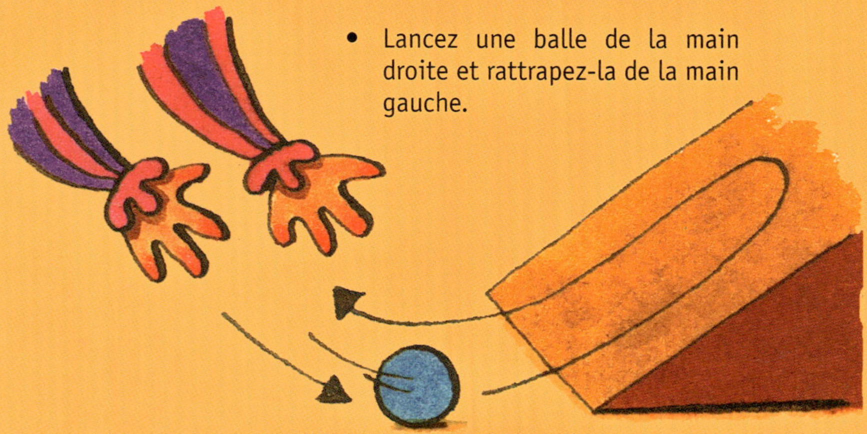

- Avec une balle dans chaque main, lancez une balle de la main droite puis une autre de la main gauche et rattrapez-les avec ces mêmes mains.

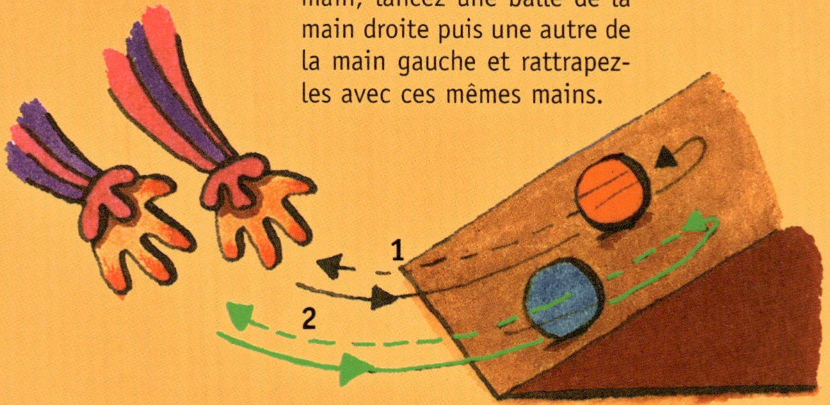

- Prenez une balle dans chaque main (1 et 2). Successivement, lancez la balle (1) de la main droite puis la balle (2) de la main gauche. Rattrapez la balle (1) avec la main gauche et la balle (2) avec la main droite et ainsi de suite... droite gauche, droite gauche... les balles se croisent en formant un huit horizontal...

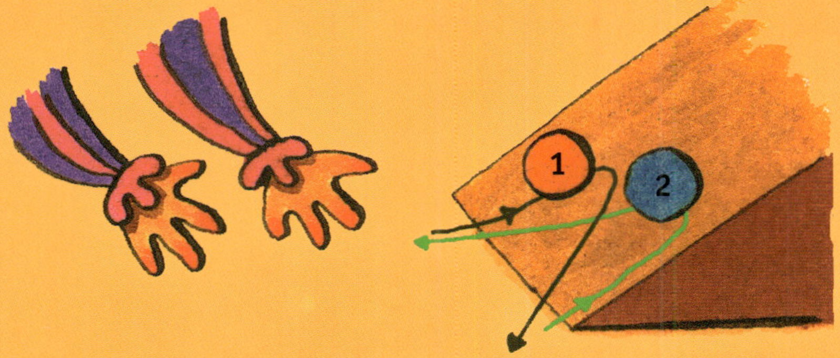

- Répétez le même mouvement en commençant par la main gauche.

- Prenez deux balles (1 et 3) dans la main droite et une balle (2) dans la main gauche,
Successivement: lancez la balle (1) de la main droite, lancez la balle (2) de la main gauche, rattrapez la balle (1) avec la main gauche, lancez la balle 3 de la main droite, rattrapez la balle (2) de la main droite, ainsi de suite.

- Commencez toujours les mouvements avec la main non dominante (main gauche pour les droitiers) pour exercer davantage ce coté.

La cascade

Les balles doivent suivre une trajectoire circulaire en passant d'une main dans l'autre et puis en suspension.

2 balles : exemple pour gaucher
La main dominante lance toujours la balle alors que l'autre main rattrape et passe dans la main dominante.

- Lancer la balle de la main gauche.
- Passer la balle de la main droite à la main gauche.
- Rattraper la balle avec la main gauche.
- Lancer la balle de la main droite.
- Et ainsi de suite

3 balles : exemple pour droitier
Effectuez le même exercice, en commençant avec deux balles dans la main droite (1-2) et une balle dans la main gauche (3): lancez les deux balles de la main droite (1-2) et passez ensuite celle de la main gauche (3) dans la main droite... ; continuez le mouvement... lancer lancer passer, lancer passer lancer passer...

Cet apprentissage demande beaucoup de concentration, prévoyez donc des activités en alternance. Suscitez l'apprentissage coopératif en faisant partager les impressions et les stratégies face au problème posé.

LE VOLEUR
Prétextez une altercation entre deux clowns pour substituer des peluches aux balles...

LE CLOWN JONGLEUR...
Les clowns parodient le numéro des jongleurs... ils jonglent avec les fruits, les grelots... ils ratent souvent.
Mais quand il s'agit de jongler avec des œufs... ils se montrent plus habiles à moins que...
Ponctuez les lâchers par des bruits de cymbales... accentuez le suspense par des roulements de tambour... alimentez le tout par les cris de désespoir de la crémière...

UN NUMÉRO TOUT EN FINESSE
Mettez en évidence la difficulté technique de façon esthétique en choisissant une musique classique... (Paganini...), en jouant sur la beauté du geste, les saluts, les costumes pailletés...
Jouez également votre rôle de chorégraphe en multipliant les jongleurs qui exécutent les mouvements ensemble de manière rythmée et harmonieuse.

EN ATTENDANT LE TRAIN
Montez une petite scène de pantomime.
Imaginez que vous êtes sur un quai de gare.
Chacun des clowns a sa valise, le train tarde.
Petit à petit, chacun sort ses accessoires et montre à l'autre les prouesses qu'il peut réaliser.

LA MALLE À SURPRISES
Faites apporter par les garçons de piste une malle contenant des accessoires de jonglage.
Elle appartient à Monsieur Loyal.
Chaque fois que l'Auguste vient sur la piste, il ne peut s'empêcher d'y jeter un coup d'œil, et d'essayer... cela à l'insu de Monsieur Loyal, bien sûr.

Soyez vigilants

Placez les trapèzes et engins de suspension à faible hauteur.
Attention, les enfants ne préviennent pas quand ils lâchent prise... soyez présents.
Attirez l'attention des enfants sur la trajectoire effectuée par le corps lors de l'acrobatie pour éviter de heurter un partenaire.
Testez la densité des tapis en fonction des activités prévues : un tapis très mou pour s'exercer à la culbute roulée et amortir les chutes éventuelles au trapèze, un tapis plus dense pour les appuis ou les pyramides.

ACROBATES ET TRAPÉZISTES

Les activités d'acrobaties contribuent à développer chez l'enfant la maîtrise des grands mouvements fondamentaux, la fonction posturale et la capacité de se concentrer. De plus, quand ils sont effectués avec des partenaires, les jeux acrobatiques développent l'esprit de coopération.

Ne vous privez pas du plaisir d'expérimenter le trapèze. Le bercement procure une sensation de bien-être et de détente. Grimper, se suspendre, voler et faire des acrobaties en suspension, cela permet de renforcer les bras, les épaules, d'apprivoiser la hauteur et de développer les habiletés motrices.

Des acrobaties pour grands et petits

Âge	À partir de 4 ans avec un partenaire plus fort et responsable
Temps	Entre 20 minutes et 1 heure.
Nombre d'enfants	Un enfant par adulte présent (papa ou maman et leur enfant, un adulte responsable et un enfant léger...)
Lieu	Une salle de sport, une salle polyvalente, un terrain extérieur
Matériel	Tapis, matelas, pelouse, (un tapis par paire d'acrobates)
Compétences sollicitées	Habiletés motrices principalement dans le domaine de la locomotion, équilibre, coopération
But	Explorer dans une relation de confiance et de manière ludique les possibilités acrobatiques de deux partenaires de tailles et de forces différentes

Préparation-organisation

- Dispersez les tapis dans l'espace.
- Formez des duos adulte-enfant.

Déroulement

- Installez chaque duo devant les tapis.
- Donnez les consignes générales de l'activité.
- Laissez les acrobates s'exercer librement à partir des consignes formulées.
- Observez leurs actions et corrigez-les individuellement au besoin.
- Utilisez la démonstration d'un duo pour mettre en évidence les éléments essentiels à corriger.
- Encouragez les duos à essayer de nouveau en s'attachant à respecter les éléments essentiels

Exemples d'activités

- Le petit tente de pousser le grand qui, lui, reste bien accroché au sol à quatre pattes. Inversez les rôles, c'est encore plus drôle.
- Le petit grimpe sur le dos du grand qui est à quatre pattes. Simulez un rodéo prudent.

- Le grand et le petit sont debout, face à face ; faites monter le petit sur les mains du grand acrobate qui se déplace ensuite avec lui.
- Le petit se place devant le grand, tous deux regardent dans la même direction, le petit pose les pieds sur les pieds du grand. Ils se déplacent ainsi attachés.
- Le grand est agenouillé assis talons, le petit place les mains de part et d'autre des genoux du grand et positionne la tête sur les genoux. Il lève les jambes, le grand tient les genoux et l'aide à se maintenir en équilibre.
- Le grand est debout, le petit dans ses bras. Le plus grand soutient le petit qui fait le tour de sa taille.

Ces activités sont intéressantes à effectuer pour des petits de 4 à 5 ans qui ont ainsi l'occasion de jouer avec un plus grand. Vous pouvez aussi expérimenter les acrobaties de la p.104 ainsi que certaines pyramides.

EN PISTE

Ces activités peuvent trouver place sur la piste. Transformez alors les duos d'acrobates en papa et maman singe, en Teddy bear... Sourires attendris assurés !

Des circuits pour s'exercer

Âge	À partir de 4 ans
Temps	Entre 20 minutes et 1 heure.
Nombre d'enfants	Entre 1 et 25 selon l'espace et les supports disponibles
Lieu	Une salle de sport, une salle polyvalente, un terrain extérieur
Matériel	Tapis, matelas, pelouse, banc, espaliers, cheval, barre
Compétences sollicitées	Habiletés motrices, confiance en soi, se mettre en projet, coopération, respect de l'autre, observation, émission d'hypothèses, résolution d'un problème, organisation dans l'espace, orientation
But	Explorer les habiletés motrices liées à l'acrobatie

Préparation-organisation

- Organisez l'espace sous forme d'ateliers : tapis genre tatami, tapis en croix, tapis mou et tapis dur, tapis installé sur un support légèrement incliné, support dur, cerceaux sur tapis, grosse balle en mousse, montagne installée sur un support haut, tas de coussins installés sur la pelouse ou sur une double moquette, tapis roulé, cordes à nœuds et cordes lisses, barres horizontales
- Donnez à chaque atelier un numéro ou un signe distinctif.
- Répartissez les enfants en groupes de 3 ou 4.

Déroulement

- Installez chaque groupe dans un atelier.
- Précisez les consignes de sécurité (voir introduction).
- Suggérez à chaque groupe d'explorer et de chercher des utilisations au matériel dont il dispose.

- Encouragez chaque groupe à se mettre d'accord sur une utilisation (5 minutes).
- Demandez à l'un ou l'autre enfant de présenter ses découvertes aux autres groupes avant chaque rotation d'ateliers.
- Mettez en évidence avec les enfants les éléments pertinents et précisez les consignes de sécurité à partir de leurs expériences et de leurs observations.
- Faites ensuite passer les groupes d'enfants à l'atelier suivant selon l'ordre préétabli (précisez bien le sens et le moment de la rotation).

Actions à expérimenter pour changer de position

Se lever, se coucher, rouler, s'accroupir, s'agenouiller.
Tourner d'avant en arrière, de droite à gauche.
Rouler latéralement, en avant, en arrière.

Actions à réaliser sur le matériel

Se balancer debout, assis, en suspension, en tournant, courir, grimper, sauter, lancer, balancer, s'équilibrer, voler, tourner, se relâcher.

Les actions sont conditionnées par le type de support proposé. Variez les densités, les hauteurs, l'organisation. Très mous, ils suscitent des mouvements plus impulsifs. Veillez à ce que les enfants n'utilisent pas le matériel en dehors de son acceptation sécuritaire

EN PISTE

LA JUNGLE

Dans une ambiance tropicale, nos petits larrons sont tous des animaux qui profitent de chaque occasion pour grimper, se suspendre, s'envoler. Le tout sur fond sonore de percussions ou bruitages d'oiseaux...

Acrobaties au tapis

Âge	À partir de 5 ans
Temps	Entre 20 minutes et 1 heure.
Nombre d'enfants	Entre 1 et 25 selon l'espace et les supports
Lieu	Une salle de sport, une salle polyvalente, un terrain extérieur
Matériel	Tapis, matelas, pelouse, banc, élastique de 3 mètres, un espalier ou un cheval, ou un support à 50 cm du sol
Compétences sollicitées	Idem activité précédente
But	Explorer les habiletés motrices liées à l'acrobatie

Préparation-organisation

- Installez les supports divers dans l'espace.
- Formez des groupes afin que chacun dispose de support.

Déroulement

- Installez chaque groupe dans un atelier.
- Précisez les consignes de sécurité (voir introduction).
- Expliquez ou démontrez les figures à effectuer.
- Mettez en évidence avec les enfants les éléments pertinents et précisez les consignes de sécurité à partir de leurs expériences et de leurs observations.

Culbutes roulées

Culbute roulée avant au sol

- Placez-vous en station debout jambes écartées face à un tapis (le plus mou possible au début).
- Placez les mains au sol devant vous.
- Inclinez le tronc en avant en essayant de regarder derrière vous entre les pieds.
- Roulez.
- Placez les pieds près des fesses.
- Tirez les bras vers l'avant.
- Relevez-vous.
- Travaillez séparément le redressement après la culbute, avec aide à partir de la position accroupie.

Roulez en arrière

- Commencez sur un support très mou de préférence légèrement incliné.
- Partez couché au sol, les mains placées à côté des oreilles, paumes sur le tapis.
- Levez les genoux et placez-les derrière la tête.
- Appuyez sur les mains et soulevez le bassin pour rouler.
- Commencez par rouler vers l'arrière sur l'épaule.

Attention à la position de la tête, interdire aux enfants de s'entraider pour cet exercice ou leur expliquer très clairement l'importance de l'aide pour alléger la pression sur la nuque.
Ne jamais rouler à partir d'une position haute vers une position basse en s'élançant.

Roue

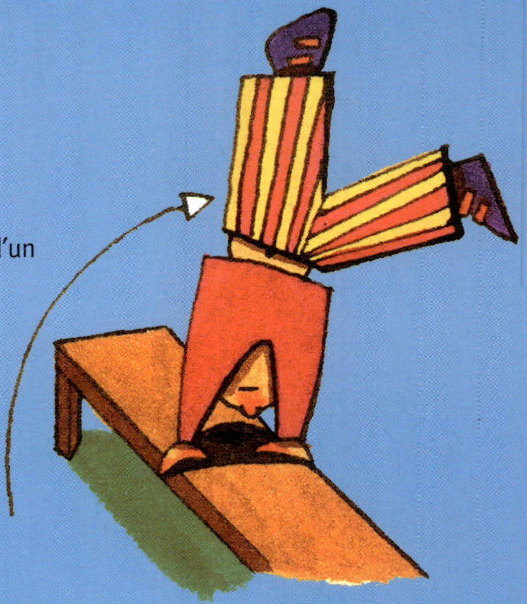

- Demandez à l'enfant de passer au-dessus d'un banc en y déposant les mains.

  STRATÉGIE : en partant latéralement à l'obstacle, placez les mains derrière vous et sautez au-dessus de l'obstacle. À l'arrivée, on se situe de nouveau latéralement par rapport à l'obstacle et l'on regarde dans la même direction qu'au début.
- Effectuez la même chose en franchissant un tapis : le lapin saute au-dessus de la rivière...
- Effectuez des rotations latérales sur les mains en suivant une ligne tracée au sol.
- À partir de la position assise jambes écartées, effectuez des rotations latérales sur les mains en suivant un cercle tracé au sol.
- Enchaînez des roues : roue sur un cercle, roue sur une ligne, roue au-dessus d'un obstacle, roue sur un banc, roue en sortie, roue en symétrie.

Insistez sur le rythme du mouvement ; main, main, pied, pied. Laissez le temps aux enfants de sentir le mouvement avant de leur suggérer de monter les jambes.
Faites exécuter la roue au-dessus d'un banc incliné ou d'un élastique.

Équilibre sur les mains

Dos au mur ou à l'espalier, mettez-vous en appui sur les mains, les bras tendus et les fesses le plus haut possible, montez les pieds sur le mur ou sur l'espalier (montez les fesses plus haut que la tête).
Placez-vous à plat ventre sur un cheval (agrès de gymnastique), déposez les mains à l'entrée d'un tapis mou, alignez le tronc et les épaules, levez les jambes et... roulez !

Laissez les enfants progresser à leur rythme dans cette performance. Aidez-les à trouver l'alignement de la tête, du tronc et des jambes suscitez la consolidation des articulations au niveau des épaules et du bassin. Assistez-les au début lorsqu'ils roulent après l'appui ou installez un tapis mou pour la réception.

LES PETITS MARINS

- Sur une musique rythmée, les enfants déguisés en petits marins peuvent évoluer sur la piste en alternant les mouvements acrobatiques de culbutes roulées et de roues, selon un déplacement prévu et en réalisant les acrobaties en symétrie.
- Enchaînez les culbutes avant arrière.
- Variez les positions de départ et les différentes positions d'arrivée.
- Débutez à genoux, accroupi, sur un pied, en grenouille.
- Variez les orientations.
- Roulez en avant et latéralement.
- Expérimentez les culbutes sur un support plus haut, en rythme, sur musique, en passant dans un cerceau, au-dessus d'une ficelle.
- Enchaînez les culbutes en recherchant différentes orientations : en cercle, en diagonale.

LE DÉMÉNAGEMENT

Dans un décor de déménagement, et à l'insu des déménageurs partis déjeuner, des clowns (Auguste), sortent des caisses empilées dans un coin, débarquent sur la piste et y effectuent toute une série d'acrobaties, équilibres, jongleries, pyramides. Au retour des déménageurs, ils se cachent avant d'être transportés (les caisses ont de grands pieds... Bizarre !).

LES SINGES ACROBATES

Les enfants se déguisent et se maquillent en singes, (collants et dessus bruns, cagoule, maquillage).

- Entrez en courant comme des singes.
- Effectuez un tour de piste et placez-vous en groupe à un endroit déterminé.
- Le dompteur apparaît alors et demande aux animaux d'exécuter un numéro.
- Sur les tapis : culbutes roulées avant, culbutes roulées au-dessus d'un partenaire, culbutes roulées, chenilles.
- Un singe saute à la corde.
- Un autre saute au-dessus d'un fil et fait une culbute.
- Un autre grimpe sur le rouleau d'équilibre.
- Un autre présente un numéro d'équilibre avec un cerceau.
- Deux singes se font face et exécutent un numéro de rolla bola ensemble.
- Pyramides par trois.
- Apothéose finale en pyramide.
- Sortie après un tour de piste de salut.

Déplacez-vous comme des acrobates rigolos

- **Les unijambistes**
  - En file, chaque enfant lève un pied en fléchissant le genou.
  - Chacun saisit la cheville du précédent.
  - Ils progressent ainsi à petits sauts, sur un pied.

- **L'aviron**
  - Les enfants s'assoient au sol jambes écartées l'un derrière l'autre.
  - Chacun saisit les coups-de-pieds de celui qui le suit.
  - On progresse à l'unisson vers l'avant en déplaçant successivement les pieds et puis les fesses.

- **Le multitêtes**
  - 3 enfants se placent debout en file.
  - L'enfant placé au centre se fait porter par les deux autres en mettant les jambes sur les épaules du premier. Il y a donc plus de têtes que de pieds.

La chenille

- Le porteur est à quatre pattes, le voltigeur place les mains en appui devant le porteur, il s'installe à califourchon sur le haut du dos du porteur, il croise les pieds et progresse en avant.

Chenille à partir de l'assis

- Le porteur et le voltigeur sont tous deux assis jambes écartées l'un derrière l'autre.
- Le porteur tient le genou gauche du voltigeur.
- Au signal convenu par les deux acrobates, ils basculent du côté droit et se placent en position de chenille.
- Ils progressent en avant.

Chenilles et culbutes

À partir de la position de chenille, le voltigeur exécute une culbute avant (il est aidé par le porteur qui se lève légèrement sur les pieds).
Il arrête la culbute en assise jambes écartées.
Le porteur exécute alors une culbute et se place derrière le voltigeur. Ils sont assis l'un derrière l'autre, jambes écartées, et peuvent fermer la boucle en se replaçant en chenille (voir p.101).

Chenille multiple

Cet exercice peut être exécuté à trois ou plusieurs acrobates, veillez à placer les porteurs par gabarit. Le plus lourd est le porteur principal. Attention aux demi-tours.

Le char

Deux porteurs à quatre pattes, un troisième se place devant eux. Le voltigeur se place à genoux ou debout sur le dos des porteurs.

Culbute roulée avec partenaire

Le porteur se place en couché dorsal sur le tapis, la tête en début de tapis.
Le voltigeur se place debout au début du tapis, les pieds de part et d'autre de la tête du partenaire (à côté des oreilles).
L'acrobate couché au sol saisit les chevilles de l'acrobate en station.
Il lève les jambes et le voltigeur saisit lui aussi les chevilles du porteur.
Le porteur amène doucement les pieds (et les mains du voltigeur) près du bassin, genoux pliés et écartés.

Le voltigeur amène donc les mains en maintenant les chevilles du porteur vers le sol près du bassin du porteur.
Il maintient les bras tendus, coudes à l'intérieur des genoux du porteur, jusqu'à ce qu'il soit en bonne position pour commencer la culbute sans s'écraser la tête au sol.
Le porteur au fur et à mesure de l'exercice se relève, il devient voltigeur et commence à son tour à partir de la position de départ. En station.
Le voltigeur couché sur le dos reprend le rôle du porteur, plie les genoux, dépose les pieds près du bassin et se relève.

Trois pour rouler

Le principe est le même que pour la culbute roulée avec un partenaire.
Un partenaire couché au sol, deux compères debout pied à hauteur de sa tête.
Le partenaire couché tient la cheville gauche de son partenaire de droite et la cheville droite de son partenaire de gauche.
Les deux partenaires debout tiennent une cheville de celui qui est couché.
Ils effectuent la culbute roulée à côté du troisième.

EN PISTE

LE DÉFILÉ
Un présentateur annonce le défilé du célèbre couturier Zigomar Sestrèbizarre. Des acrobates costumés comme dans un défilé de haute couture un peu fou se déplacent de manière inhabituelle, sous le regard de spectateurs jouant le snobisme du milieu, insolite lui aussi.

LE RÊVE
Dans un décor de chambre remplie de jouets à l'allure un peu étrange, la nuit tombe, un enfant s'endort. Dans une ambiance glauque (lumière bleue), les jouets s'animent et se déplacent de manière curieuse.

Deux à deux en équilibre

Le porteur est la base solide de toute pyramide, il doit toujours prévenir le ou les voltigeurs avant de lâcher prise afin que ceux-ci puissent se dégager sans se blesser. Le bas du dos est bien fixé (exécutez à quatre pattes des exercices de dos du chat, dos rond, dos creux et corrigez toujours consciencieusement les défauts éventuels).

Pour descendre du dos d'un porteur, le voltigeur ne peut pas sauter, en effet l'impulsion du saut se répercute dans la colonne vertébrale du porteur.

Des jeux de balances

- Par deux, face à face, pointes de pieds contre pointes de pieds, prise mutuelle mains–poignets.
- Laissez-vous doucement aller en arrière jusqu'à l'extension des bras.
- Vous formez un V.
- Effectuez la même balance, dos à dos, ou latéralement.

Montez descendre

Dos-à-dos pieds écartés, descendez ensemble et remontez sans l'aide des mains (vous pouvez faire la même chose avec un ballon entre vous).

Proue faciale

- Par deux, face à face, prise mixte mains poignets.
- Le porteur est à genoux assis talons.
- Le voltigeur se met debout sur les cuisses du porteur. Les pieds sont parallèles aux cuisses ou placés perpendiculairement.
- Il monte comme sur un escalier.
- Le porteur s'incline alors doucement en arrière, jusqu'à avoir les coudes tendus.
- Ensuite le voltigeur s'incline, lui aussi. En position finale, ils ont tous deux les bras tendus et sont en équilibre.

Proue dorsale

- Le porteur est à genoux assis talons.
- Le voltigeur est placé dos à lui.
- Le porteur place les mains sur les hanches du voltigeur.
- Le voltigeur grimpe sur les cuisses du porteur, il monte bien verticalement.
- Le porteur s'incline en arrière, et place les mains sur les cuisses du voltigeur. Ce dernier s'incline en avant et place les bras à 90° latéralement (il fait l'avion).

Proue faciale et dorsale porteur en station

- Par 3 : le support se place à quatre pattes.
- Par 2 : le porteur s'assied au bord d'une chaise.
- Le porteur s'installe en assis sur le bas du dos du support.
- Le voltigeur face au porteur grimpe sur ses cuisses à la verticale.
- Le porteur s'incline en arrière, le voltigeur s'incline ensuite.
- Dans un jeu de balance subtile, le porteur se lève légèrement, et permet au support de s'éloigner.
- L'exercice est similaire pour la proue dorsale, mais le voltigeur est de dos devant le porteur au départ.

La brouette

Attention : le porteur qui soulève les pieds du voltigeur ne peut pas trop tirer le voltigeur vers lui, sinon, celui-ci ne peut garder son appui de mains.

- Un enfant se place en chute faciale, un autre saisit ses genoux et les lève.

EN PISTE

LES FIGURES DE BRONZE

Des acrobates représentant des gymnastes antiques effectuent une série de figures acrobatiques sur un socle recouvert d'un drap rouge. ils changent très lentement de position tels des gymnastes antiques.

LE JEU DE DAMES

Sur une musique très XVIIIe, deux personnages jouent sur un échiquier géant stylisé (des carrés de moquettes).
Les pions obéissant aux injonctions des joueurs se déplacent, les uns en effectuant des culbutes, les autres des roues. Ils se superposent dans des exercices en duos, se narguent, roulent ensemble. Et s'éliminent... au fur et à mesure pour s'amasser sur le côté du jeu...
Le numéro s'achève par une pyramide de l'équipe gagnante qui, fair-play, invitera l'équipe perdante à l'accompagner. En noir et blanc donc.

Têtes bêches

Par deux,

- A est couché au sol sur le dos.
- B place ses pieds de part et d'autre de la tête de A.
- Il place les mains à côté des chevilles de B.
- B prend les chevilles de A et les lève, il a donc les bras tendus.

La montagne

- Un porteur à genoux.
- Un voltigeur, debout devant la tête du porteur, s'incline en avant et place les deux mains sur les épaules de celui-ci.
- Un autre voltigeur, grimpe debout sur le dos du porteur à quatre pattes et place les mains sur les épaules du porteur en station.

Pyramides

- **Figure 1**
  Deux porteurs à quatre pattes, un voltigeur se place à genoux sur le dos des porteurs ou debout sur le dos des porteurs.

- **Figure 2**
  Un porteur à quatre pattes, un voltigeur se place en appui tendu, mains sur le bas du dos du porteur, un second porteur soulève les pieds du voltigeur
  Attention : le porteur qui soulève les pieds du voltigeur ne peut pas trop tirer le voltigeur vers lui, sinon, celui-ci ne peut garder son appui de mains.

- **Figure 3**
  Deux porteurs sont dos à dos, ils s'inclinent en avant, placent les mains sur les genoux. Le voltigeur grimpe en station debout sur les dos des deux porteurs.

Exemples de combinaison de plusieurs figures

EN PISTE

LA GALERIE DE SCULPTURES
Un couple très prétentieux invité par Monsieur Loyal visite une galerie de sculptures. Les groupes des acrobates dissimulés sous des draps varient l'organisation de leurs pyramides grimaçantes ou burlesques. Et Monsieur Loyal de commenter avec grande emphase l'œuvre inaugurée…

Comme des trapézistes

Âge	A partir de 6 ou 7 ans (il faut un peu de résistance des bras et une relative maîtrise corporelle)
Temps	Entre 20 minutes et 1 heure. On peut refaire à loisir ce type d'activité qui permet à chacun de s'exercer à son rythme
Nombre d'enfants	Entre 1 et 25 selon l'espace et les supports disponibles
Lieu	Une salle de sport, une salle polyvalente, un terrain extérieur avec des agrès suspendus
Matériel	Des supports de suspension ; cordes liées, échelles de corde, trapèze placé à 1 m du sol... Des tapis de réception ou un sol des meuble pour amortir les chutes éventuelles
Compétences sollicitées	Habiletés motrices principalement dans le domaine de la locomotion
But	Exécuter des figures au trapèze

Déroulement

- Suggérez à chaque groupe d'enfants d'explorer les actions motrices avec le matériel de suspension : se croiser, passer de l'un à l'autre, effectuer le parcours avec un objet dans la main, se balancer.
- Supervisez personnellement l'atelier d'apprentissage des figures. Faites exercer les figures en contrôlant les actions pour rendre l'apprentissage plus efficient.
- Laissez ensuite répéter seuls les figures en les enchaînant.

Figures

S'asseoir
À partir de la suspension, levez les pieds, accrochez-les au trapèze, accrochez les genoux, placez les mains aux cordes, hissez-vous en assis.

Se mettre debout
À partir de l'assis mains aux cordes, placez le pied sur la barre, hissez-vous en station debout.

S'enrouler
À partir de la station, en suspension, levez les jambes et enroulez la barre avec le corps.
Arrêtez en appui tendu.
Enroulez ensuite dans l'autre sens.
Accrochez les genoux aux cordes pour stabiliser le corps.

L'oiseau

À partir de l'accroché jarret mains au trapèze de part et d'autre des genoux, étendez les jambes vers le haut, (les fesses se placent près de la barre).
Accrochez les pieds aux cordes, arquez le tronc

Accroché jarret

À partir de la position assise sur le trapèze, tenez-vous aux cordes, laissez-vous glisser dans le creux des genoux.
Lâchez progressivement les mains et laissez-vous descendre dans le creux des genoux.
Rétablissez vous en assis.
Ou placez les mains au sol et descendez les pieds au sol.

La sirène

Placez-vous dans le creux des genoux, les mains s'accrochent à la barre d'un coté des genoux.
Accrochez les pieds à la corde la plus proche des genoux. Étendez les hanches et suspendez-vous ainsi.
Lâchez ensuite la jambe la plus haute.
Lâchez ensuite la main opposée à la jambe libre.

L'arc vers l'avant

En station debout, pointes des pieds sur la barre du trapèze.
Placez les mains assez haut sur les cordes.
Passez les coudes à l'avant des cordes.
Étendez le corps en le cambrant vers l'avant et dégagez une jambe.

L'araignée

Debout sur la barre du trapèze, mains aux cordes au-dessus des épaules.
Placez les deux pieds sur les cordes latérales.
Appuyez sur les deux pieds jusqu'à ce que les cordes soient écartées et que votre corps forme une croix.

L'arc vers l'arrière

En station debout, pointes des pieds sur la barre du trapèze.
Levez les bras le long des cordes (en restant accroché).
Étendez le corps.
Cambrez la nuque et le dos.
Levez ensuite une jambe à 90 degrés.

NUMÉRO INDIVIDUEL TOUT EN FINESSE
Sur une musique envoûtante, présentez les performances en solo. Jouez alors sur le stéréotype. Un collant de danse, un maillot de bain... ou, pour sourire un peu, une tenue de femme d'affaires. On pourrait aussi, pour le coté cocasse, effectuer les figures encombré par une valise, ou un chapeau qui tombe, un pantalon qui se déchire ou déguisé en...

Prévoyez les invitations et les affiches en vous inspirant d'une technique picturale ou en imitant des affiches de cirque classiques (voir renseignements pratiques).
Imaginez une billetterie amusante.
Accueillez les spectateurs par une exposition de photos représentant les étapes de la création, les recherches effectuées.
Réalisez les programmes...
Placez les spectateurs en imaginant une ouvreuse dans une allure un peu burlesque.
Faites intervenir un clown avant le spectacle qui place et déplace les spectateurs de manière un peu trop directe, passe son temps à imiter les démarches de l'un ou l'autre, s'assied sur leurs genoux, emporte le manteau après l'avoir essayé...

EN PISTE

En préparant un spectacle et en s'y produisant, les enfants apprennent à anticiper, à organiser. En outre, ils doivent faire preuve d'esprit critique et de coopération.

Envisagez des spectacles de différentes ampleur en fonction du projet des enfants et du contexte.
Veillez à donner autant d'importance au spectacle qu'aux démarches mises en œuvre pour le construire. Envisagez un spectacle où les enfants sont eux-mêmes acteurs et artisans des coulisses. Responsabilisez-les. Il faut pouvoir compter sur chacun.

Veillez à ce que chaque enfant trouve la place qui lui convient. Pas question d'utiliser les mises en situation spectaculaires pour projeter le narcissisme du maître à travers les performances des enfants les plus doués...

Préparez la piste

Délimitez la piste

- Jouez au cirque sur une grande scène ou dans le coin d'une pièce, le local du club, le jardin, une prairie, au terrain de jeu, à la lisière de la forêt ou, si la place le permet, à la cave ou au grenier.

- Improvisez un chapiteau en faisant tomber de larges rubans (bandes de tissus ou ficelles larges) à partir d'un point central et en les fixant sur le périmètre de la piste par des coussins.
- Marquez le périmètre de la piste par de la ficelle, des coussins, des caisses, un trait de craie ou une série de petits cailloux.
  Recouvrez éventuellement la scène de sciure humidifiée, de paille, de feuilles d'automne, de sable ou d'une moquette circulaire.

On peut même jouer sur deux demi-piste ou... dans deux endroits distincts ; c'est parfois plus facile et de toute façon plus original...

Installez les coulisses

Attachez un rideau avec de grands anneaux coulissant sur une tringle ou un fil solide (fixé entre deux échelles, par exemple).
Placez un ou deux paravents, de gros cartons d'emballages empilés peints ou naturels...

Prévoyez la régie son

Les ingénieurs du son ont un rôle essentiel pour créer l'ambiance. Ils doivent travailler en étroite collaboration avec les acteurs. Ils s'occupent des bruitages, des musiques, des accompagnements.

En direct

Surprenez le spectateur, en utilisant des bruits en direct:

- Les oiseaux: on souffle dans un appeau.
- Le vent: on froisse de grandes feuilles de papier ou on souffle au-dessus du goulot d'une bouteille.
- Le pneu qui explose: on fait éclater un ballon.
- La pluie: des pois secs qu'on laisse tomber sur une plaque de four.
- Le bruit de sabots: deux moitiés de noix de coco faces ouvertes orientées vers le bas.
- Le feu: on chiffonne et on frotte du papier de cellophane.
- Entre-choc des débris: on remplit une boîte en fer blanc, de débris et on la secoue.

Il est certain que si vous disposez dans votre entourage de musiciens ou de percussionnistes en herbe ou accomplis, ils seront les très bienvenus.
Un peu de percussions donnera de toute façon plus d'emphase au numéro en accompagnant les moments importants, palpitants ou périlleux.

Les sons enregistrés

- Musiques, décors sonores enregistrés calment le public avant le lever du rideau, meublent un changement de tableau, illustrent une scène sans parole. Le régisseur son triera les C.D. par ordre de numéro et les enclenchera au signal.
  Il existe des CD reprenant les grands thèmes des musiques de cirque ou les limonaires. Ces airs ont l'avantage d'être entraînants et de parler à la mémoire des spectateurs.
  Nous avons eu beaucoup de plaisir aussi en utilisant les thèmes des musiques de films de Charlie Chaplin et de Fellini. Les musiques du folklore populaire sont également un bon support de numéros ou d'ambiance (musique tyrolienne, tziganes, russes ou grecques).
- Il va sans dire que les percussions africaines ou cubaines peuvent être exploitées ainsi que les différentes marchesmilitaires. On peut aussi utiliser les musiques que les cirques actuels vendent en fin de spectacle (Cirque Plume, Cirque du soleil...).
- On se procure dans le commerce des CD reprenant les bruitages.

Tous les styles de musique seront intéressants pour autant que leurs tempi soient adaptés au type d'activité du numéro.

Prévoyez la régie lumière

La régie lumière se préoccupe de l'éclairage en général, cherche à intégrer celui-ci dans la mise en scène et contribue grandement à donner au spectacle un caractère plus spécifique.
Elle intensifie les intentions du metteur en scène et des acteurs par l'ambiance qu'elle contribue à créer.

Le matériel

- À défaut de véritables projecteurs de théâtre, vous pouvez utiliser des spots à pince ou même les rayons du soleil pour transformer la scène en rectangle lumineux.
- Vous pouvez obtenir des effets supplémentaires en recouvrant les projecteurs de transparents colorés (attention aux produits inflammables...).
- Utilisez des spots simples, ou même une lampe de poche pour focaliser l'attention.

La technique

- Si vous ne disposez pas de spots spéciaux, un plein feu pendant tout le spectacle fera très bien l'affaire : éclairez la scène en diagonale à partir de la gauche et de la droite, de façon à ce que les comédiens ne soient pas éblouis.
- L'ensemble de la scène peut être éclairé très faiblement, mais de petits « projecteurs », en l'occurrence des lampes de bureau ou de puissantes lampes de poche, éclairent certains détails : des parties du décor, un accessoire, le visage d'un acteur ou quelque chose d'inhabituel à l'arrière-plan.
  - Si l'acteur est éclairé par l'arrière, il donne l'impression d'une apparition mystérieuse entourée d'un halo lumineux.
  - Si un projecteur illumine l'artiste à partir du sol, il fera une entrée plutôt inquiétante.
  - Une source lumineuse tombant verticalement sur le comédien crée des ombres particulières sur son visage.
  - Des filtres colorés posés devant des projecteurs teintent de jaune le jour, de bleu la nuit.

Installez les décors et les accessoires

- Choisissez pour le décor les éléments qui créeront l'ambiance : une échelle et un pot de peinture, pour évoquer un chantier, une table et quatre chaises, une nappe et des couverts pour un restaurant, des tabourets pour les piédestals des lions.
- Choisissez les accessoires visuels et sonores issus de votre quotidien : arrosoir, sac de farine, bulles de savon, seau, clochettes ou pièces de monnaie, couvercles de casseroles qui s'entrechoquent.
- Fabriquez des accessoires à la taille exagérée : employez de la mousse, du carton ou du treillis métallique recouvert de papier mâché ou de tissus collés.

Prévoyez costumes, masques, maquillages

- Utilisez des costumes de clowns pour certains numéros mais également des accessoires qui rappelleront les fauves, les chiens, ou les autres animaux du cirque
- Utilisez des déguisements pour accentuer un contraste de couleurs, une saison, un thème quelconque que les enfants auront choisi dans le domaine des contes, du fantastique...
- Recherchez les costumes historiques d'après des documents.
  Fixez plumes, fleurs, cure-pipe sur un chapeau ou un serre-tête, papier crépon sur une cagoule pour en faire des coiffes particulières.
- Agrémentez une tenue de base :
  - collants, un T-shirt et pantalon de couleur brune pour un lion de cirque
  - veste enrubannée pour un capitaine de vaisseau
  - chemise de nuit ornée de verroterie et de paillettes pour une princesse
  - pyjama rayé pour de petits marins
- Utilisez des masques en papier mâche, en assiettes en carton, des demi-masques.
- Maquillez-vous pour mieux jouer votre personnage.

Mettez en scène les numéros

Vous trouverez de multiples exemples de numéros dans les chapitres reprenant chacune des techniques abordées dans ce livre.
Un numéro se prépare, même avec des petits, il faut savoir ce que l'on va faire et comment on va le présenter.
Le metteur en scène agence les éléments du décor, les sons, la lumière, ainsi que les interventions de l'un et l'autre. Il prend soin de noter ces divers éléments pour les garder en mémoire... Il est aidé en cela par le script.

Préparation

- Choisissez la reprise, le gag, l'exploit que vous voudriez présenter : de la jonglerie, de l'équilibre, une bataille acrobatique, une parodie d'haltérophiles...
- Imaginez dans quel contexte vous souhaitez jouer votre numéro : le jongleur au restaurant, l'acrobate dans un film d'épouvante, les jongleurs aux ballons de baudruche dans un décor lunaire, les trapézistes sur des échafaudages...
- Choisissez en fonction de ce contexte votre costume, vos accessoires, votre maquillage et la musique.
- Situez de manière précise les éléments du décor.
- Agencez l'ensemble des éléments, sons, lumières, déplacements.

Votre numéro

- **Entrez en piste**
  Arrivez en piste de manière dynamique mais non précipitée. Regardez le public et placez-vous bier en évidence pour commencer le numéro

- **Réalisez l'exploit**
  Exécutez posément chacune des phases de l'exploit pour installer un suspense.
  Progressez dans la performance du plus simple au plus complexe en terminant en apothéose par une performance réussie. Lorsque l'on rate... on recommence tout simplement.
  Utilisez les accompagnements sonores appropriés au thème ou à l'ambiance que vous voulez donner (un roulement de tambour pour le suspense, un couac pour le gag...

- **Saluez**
  Fier de votre exploit, prenez le temps de vous replacer devant le public et de saluer. Surtout ne vous enfuyez pas de la piste, le regard bas et l'air honteux (à moins que ce ne soit voulu).

- **Sortez de la piste**
  Effectuez votre sortie sur une musique entraînante, de manière dynamique.
  Si vous êtes un clown agrémentez-la d'une dernière pitrerie.

Présentez un spectacle traditionnel

La manière la plus simple de présenter un petit spectacle, c'est de procéder comme dans le cirque traditionnel. Faites en observer les spécificités en visionnant des vidéos : festival du cirque de demain, festival de Monaco, cirques Bouglione, Florilegio...
La présentation se fait comme suit :

Début du spectacle

- Musique d'ambiance jouée par l'orchestre. Ici on prendra une musique entraînante (marches, cuivres...).
- Entrée de Monsieur Loyal, accompagné par l'orchestre.
- Ouverture du spectacle par Monsieur Loyal.
  « Mesdames, Mesdemoiselles, Messieurs, permettez-moi de vous souhaiter la bienvenue au cirque Taratata... Vous allez aujourd'hui pouvoir applaudir une multitude d'artistes pleins de talents. Aujourd'hui pour vous, du rêve, de la magie, de l'audace... Applaudissez, s'il vous plaît nos merveilleux artistes. »
- Sérieux, bien vêtus et disciplinés, les garçons de piste s'installent, c'est la barrière.
- Les artistes entrent sur la piste, ils sont en costumes et paradent en cercle sur une marche (les marches militaires), ils sortent rapidement
- Monsieur Loyal reste en piste, la musique s'arrête.

Corps du spectacle

- Monsieur Loyal présente les numéros les uns après les autres.
  Elle nous vient de Madrid, elle est jeune et pleine d'avenir, je vous demande d'accueillir maintenant, Zahra, qui vous présente un sensationnel numéro d'équilibre. Mesdames et Messieurs… Zahra…
- En fin de numéro, Monsieur Loyal revient sur la piste et d'un geste demande au public de remercier l'artiste qui rentre rapidement dans les coulisses. *Mesdames et messieurs je vous demande d'applaudir encore une fois… Zahra…*
- Entre les numéros, les garçons de piste viennent déplacer les différents accessoires avec sérieux ou humour.
- Les numéros se succèdent, présentés par Monsieur Loyal.
- Les clowns de reprise se placent entre les numéros.
- Les numéros de pantomime ainsi que les entrées ou comédies clownesques sont considérés comme intermèdes et ne se présentent pas. Ils arrivent sans être vraiment invités.
- Les parodies sont souvent présentées comme des numéros…
- Au milieu du spectacle, Monsieur Loyal présente les régisseurs sons et lumière, l'orchestre et les garçons de piste. Chacun de ces groupes prend le temps de saluer sous les applaudissements du public

Fin du spectacle

- Monsieur Loyal présente encore une fois les artistes pour la parade et le charivari final, le tout sur une musique de cuivres.
- Chacun revient en costume et rappelle très brièvement sa performance: les acrobates font une galipette, les jongleurs lancent leurs foulards, les équilibristes apportent un accessoire, les clowns trébuchent une dernière fois.
  Et voici, Mesdames et Messieurs, le cirque Taratata termine ici son merveilleux spectacle. Nous espérons qu'il vous a ravis et vous demandons d'applaudir encore une fois aujourd'hui… les acrobates Simon et Milan, Valentin le jongleur, les clowns Pipette et Églantine, Phil le trapéziste…
- Quand tous ont défilé, ils s'arrêtent éventuellement en demi-cercle au bord de la piste pour saluer et repartent dans les coulisses. Monsieur loyal ferme la marche.
- Les lumières se rallument et…

Du cirque au théâtre, du théâtre au cirque

On peut aussi utiliser les arts du cirque pour raconter une histoire, mettre en scène un conte...

- Choisissez dans la littérature enfantine une histoire sur le thème du cirque ou créez votre propre histoire.
  Le clown très rigolo... « au pays des gitans », « si nous étions troubadours » (voir la liste des albums proposés en fin d'ouvrage).

- Recherchez les décors visuels, sonores, les accessoires et les costumes en fonction de l'ambiance de l'histoire : romantique, fantastique, exotique, années trente, révolutionnaire...

- Recherchez la démarche, l'expression, le langage, le caractère appropriés aux différents personnages.

- Choisissez l'ordre de passage des séquences repérées dans le texte.

- Vous pouvez mimer l'ensemble de l'histoire, si les enfants aiment cette forme d'expression.

- À partir du texte ou du canevas de base, improvisez et choisissez avec les enfants les éléments les plus pertinents ou les plus percutants pour exprimer l'idée principale..

- Pour faciliter la réalisation, utilisez un narrateur qui raconte l'histoire (braquez le projecteur sur lui) et faites jouer dans un plein feu les séquences ou peuvent intervenir des artistes de cirque : *IL ÉTAIT UNE FOIS UN CLOWN TRÈS RIGOLO IL EXÉCUTAIT DES NUMÉROS QUE TOUS APPRÉCIAIENT.*

- Utilisez le plein feu pour l'illustration des séquences.

Exemples d'histoires sur le cirque

- Une fillette visite avec son grand père la galerie de portrait de ses ancêtres... chacun d'entre eux a une histoire... illustrée après chaque découverte.
- Deux enfants découvrent dans un coffre une série d'automates. Une fois remonté, l'un d'eux les emmène dans le monde du cirque, il s'agit d'un automate...
- Sur une planète inconnue (décor lunaire), un groupe d'individus bizarres (se déplacent sur échasses) découvrent un objet mystérieux... Celui-ci suscite toutes les convoitises...
- Bien d'autres histoires vous sont suggérées dans les renseignements pratiques de fin d'ouvrage.

Aidez les enfants dans la phase d'aboutissement de l'acte de création surtout au niveau des choix à opérer et de la fixation des structures choisies dans un tout cohérent.

CONTINUEZ !

Vous voilà arrivés au terme de notre voyage dans le monde du cirque. Vous avez acquis un petit bagage vous permettant de pratiquer les arts du cirque...

Vous pouvez encore enrichir vos expériences car il existe au cirque beaucoup d'autres domaines qui méritent d 'être exploités avec les enfants... Les écoles de cirque qui ont vu le jour un peu partout vous apporteront des éléments complémentaires.

Le cirque n'est cependant pas un but en soi. En effet, la pratique des arts de cirque représente un réel moteur d'apprentissage. Elle engendre création et récréation. Elle permet de jouer l'aventure du projet, du dépassement, de la réalisation personnelle. Elle peut apporter à chacun la reconnaissance dont il a besoin pour l'aider à progresser sur le chemin de la vie... Elle est un moyen au service du développement de la personne grâce aux multiples compétences qu'elle sollicite et mobilise...

Alors... A vous de jouer et tout le monde en piste...

BIBLIOGRAPHIE ET RENSEIGNEMENTS

Sur internet, avec un bon moteur de recherche à la rubrique Cirque (circustef.com)...
vous trouverez de multiples renseignements

Des albums à consulter

BENKEMOUN H, MARTIN J F, *Qu'est-ce-que-c'est-que-ce cirque*, Père Castor, Flammarion, 2000.
BERNARD, ROCA, *Jesus Betz*, Seuil Jeunesse, 2001
CNEUT C. , *L'étonnante histoire d'amour de Lucien le chien*, L'école des loisirs, 2002
DERU RENARD B., JOOS L., *Le clown plus que rigolo*, Pastel, L'école des loisirs, 2001
DIDIER. J., ZAD, *Z'en ai marre*, Casterman, 2000
FONTAN, *Un tutu pour Monsieur Loyal...* Albin Michel, 1999 (comptines et humour)
GUETTIER B.,*Quel cirque* Casterman, 2002
KRINGS A., *Amédée*, L'école des loisirs 1991
MERLIN, *La fille de l'air*, Albin Michel 2001
MERLINE, *Le cirque Mammy fair*, L'école des loisirs, 1992
METZ, *Étoile*, L'école des loisirs, 1995
SEDLETZKI, GILBERT, *Le plus beau spectacle du monde*, Kaléidoscope, 2001
VINCENT G, *Ernest et Célestine au cirque*, Casterman, 1985
ZAD, *Drôle de sorcière*, Hachette Jeunesse.

Des livres destinés aux enfants (historique, arts, techniques, poésies, textes)

MALINEAU J.H., BIALESTOUWSKI G., BUSSY J. *Trois poètes vous invitent au cirque*, L'école des loisirs, 2002
CORAN P, *Un jour au cirque*, La renaissance du livre 2002 (reproductions d'œuvres d'art et textes poétiques)
DUHAMEL J.,*Les perles de l'école*, Le livre de poche 2000 (un bêtisier très drôle pour les répliques de clowns...)
LAURENDO, *Le cirque*, Milan 2000 (techniques et repères à propos du cirque-)
FOUCHET, *Arts du cirque*, Éditions revues EPS 2002 (didactique du cirque)
KRINGS F, BRON D., *En piste*, Casterman 1996 (les premiers apprentissages tout en illustrations)
DENIS D., *Le livre du clown*, éd. du spectacle, 1985 (techniques et entrées clownesques)
TERRIE J.J., *Le clown c'est toi*, éditions Fleurus 1998 (un petit recueil d'idées pour jouer au clown)

RIVER J. DELLIS G. *L'enfant et le théâtre,* Labor, 1992.
WALTER G. *Théâtre d'enfants, comment monter un spectacle,* Casterman 1995

Des livres pour en savoir plus sur le sujet

BAVELIER, HOCHMAN, *Quel cirque, des écoles à la piste,* 1999
BOUSTANY, *En Piste,* Gallimard 1992
CHERET, *Le cirque et l'art forain,* Somogy coéditions musée 2002 (affiches)
COLLECTIF, *Jours de cirque, reproduction de l'exposition Grimaldi* Forum Monaco, 2002
FABBRI J. , *Clowns et farceurs,* Bordas, 1982
GUY, *Avant garde de cirque, Les arts de la piste en révolution,* Autrement, 2001
JACOB, *Le cirque, un art à la croisée des chemins,* Gallimard jeunesse 2001
JACOB, *Le cirque,* Larousse, 2002
LAURENDON, LAURENDON, CNAC, *Le nouveau cirque, la grande aventure,* Le cherche Midi, 2001
MAUCLAIR, *Un jour aux cirques,* Bordas, 1999
MAUCLAIR, *La grande histoire du cirque dans le monde de l'antiquité à nos jours,* 2002
PAOLETTI R., *Education et motricité, l'enfant de 2 à 8 ans,* éd. De Boeck Université, 2000
RENEVEY M., *Le grand livre du cirque,* Bibliothèque des arts, 1977
SPIER *Le cirque Pariano,* l'école des loisirs 1999
THETHARD H., *La merveilleuse histoire du cirque,* Julliard 1978

Des musiques pour monter les numéros

CHARLIE CHAPLIN Les musiques des films
LAPORTE JEAN Musiques de cirque
ROTA Inédits `
ROTA Musiques des films de Federico Fellini
CIRQUE PLUME No animo ma anima – Musique du spectacle
DUPEREY R. CIRQUE DU SOLEIL, Musiques des spectacles : Alegria, Saltimbanco ;
MARCHES MILITAIRES
LIMONAIRES
MUSIQUES DU FOLKLORE POPULAIRE

Des films pour s'inspirer…

LE CIRQUE (Circus), Charlie Chaplin – United Artists 1927
LE CLOWN ET L'ENFANT, Charles T Barton – Walt Disney Production 1959
SOUS LE PLUS GRAND CHAPITEAU DU MONDE, Cecil B. Demille Paramount 1952
LES CLOWNS, Fellini – RAI 1970
LA STRADA, Fellini De Laurentis, 1956
DUMBO – Walt Disney Production

Des œuvres d'art

Toulouse Lautrec : *L'écuyère…*
Picasso : *L'acrobate à la boule, Rideau de parade, Famille de saltimbanques…*
Rouault : *Le cirque*
Seurat : *Le cirque*
Chagall : *Le cirque, Costume d'homme, L'entrée dans le manège,*
Calder : *Sous le plus petit chapiteau du monde,* Dessins de cirque…
André François : *Le grand cirque de New York, Les anneaux, Clown trompette*

Des écoles de cirque qui centralisent les renseignements pour l'enseignement des arts du cirque…

• En Belgique
ÉCOLE DE CIRQUE DE BRUXELLES
Tours et Taxi 11 rue Picard
1000 Bruxelles – Belgique

ÉCOLE SUPÉRIEURE DES ARTS DU CIRQUE
rue Robert Willame 25
1160 Bruxelles – Belgique

• Au Canada
ÉCOLE NATIONALE DU CIRQUE
417 rue Berri – H2Y3E1 Montréal – Canada

• En France
CENTRE NATIONAL DES ARTS DU CIRQUE
1 rue du Cirque
51000 Chalons en Champagne – France

ÉCOLE DE CIRQUE FRATELLINI
Parvis de la gare, RER
93220 Gagny – France

• En Suisse
ÉCOLE DE CIRQUE DE GENEVE
Route de Jussy
1226 Thonex – Suisse